Kathrin Rüegg / Werner O. Feißt

Das Beste von Kathrin und Werner

Kathrin Rüegg / Werner O. Feißt

Das Beste von Kathrin und Werner

Ihre liebsten Rezepte und Geschichten aus 20 Jahren »Was die Großmutter noch wusste«

Jubiläumsausgabe II

Müller Rüschlikon

Einbandgestaltung: Sven Rauert
Titel- u. Inhaltsfotos: Fotodesign Michael Bauer, Baden-Baden
Food-Design Claudia Bauer, Baden-Baden
Werner O. Feißt, Gaggenau
INCOLOR Farbbildagentur, Zürich
Seiten 34/35

ISBN 3-275-01418-8
1. Auflage 2002

Lektorat: Myrta Baumberger
Herstellung: IPa, 71665 Vaihingen/Enz
Druck und Bindung: Fotolito LONGO, Bozen
Printed in Italy

Inhalt

Aus »Zu Gast bei Kathrin und Werner«

Was die Großmutter noch wusste, Band 12

Wo nicht anders vermerkt, sind die Kochrezepte für vier Personen berechnet.

Vorwort

Tja, wenn man immer wüsste, was aus ganz Alltäglichem sich so entwickelt. Da ist die Idee eines Oktobernachmittags in Kathrins Lädeli, da ist die von Werner so ganz ins Unreine gesprochene Frage: »Könntest du dir eine Sendung, eine Sendung im Fernsehen vorstellen mit dem, was unsere Großmütter noch wussten, wenn einer krank war, über den Gemüseanbau im Garten, die Pflege der Blumen im Haus, die Reparatur von Kleidern, Verarbeitung von Wolle – Spinnen, Färben, Stricken, Weben –, den Umgang mit Katzen, natürliche Schönheitspflege von Haut und Haar, Erziehung der Kinder?«. Und was ist daraus geworden? Fast 300 Sendungen mit dem Titel »Was die Großmutter noch wusste«, 13 Bücher mit demselben Reihentitel, ein »Immer währender Kalender«, ein erster Sammelband aus Anlass der 150. Sendung, ein Band mit Großmutters medizinischen Hausmitteln, dieser zweite Sammelband – und eine zwanzigjährige Zusammenarbeit. Und nicht nur zwischen Kathrin und Werner sondern auch zwischen den beiden und der Rundfunkanstalt, die sich in der Zwischenzeit durch Fusion von Südwestfunk und Süddeutschem Rundfunk zum SWR verändert hat, und zwischen den beiden und dem Verlag, der ein ähnliches Schicksal wie die Rundfunkanstalt hatte. Zwanzig Jahre Zusammenarbeit, zwanzig Jahre Partnerschaft. Das schreibt sich so einfach. Bismarck soll einmal gesagt haben: »Die beste Partnerschaft ist die zwischen Ross und Reiter, vorausgesetzt man ist nicht das Ross«. Welche Tücken Partnerschaft haben kann, lehrt der Augenschein Ehe, wo heutzutage 20 Jahre eine stolze Bilanz sind. Wie viele Paare schaffen das überhaupt noch? Und wenn, ohne schwerste seelische Blessuren? Rundfunkanstalten und Verlage sind da allerdings in einer guten Situation. Ihre seelische Beschaffenheit bewahrt sie vor diesbezüglichen Schäden. Autoren befinden sich eher in der Rolle des Rosses. Gleichwohl haben wir, die Autoren, Grund zu danken: Der Rundfunkanstalt – sie hat uns zwanzig Jahre lang Gelegenheit gegeben, Sendungen zu machen; dem Verlag – er ließ uns ebenso lange Bücher schreiben. Beides ist nicht selbstverständlich. Ohne die, von denen bisher noch gar keine Rede war – nämlich den Zuschauern unserer Sendungen und den Lesern unserer Bücher – hätten diese Partnerschaften kaum so lange halten können. Aber die Zuschauer haben unsere Sendungen angeschaut, die Quoten beweisen es, und die Leser haben unsere Bücher gekauft. Sendungen und Bücher waren und sind erfolgreich. Und so haben wir die Hoffnung, dass unsere Partnerschaften noch eine Weile weiter bestehen. Unseren Zuschauern und Lesern zuliebe, denen vor allem unser Dank gilt. Wenn man von Partnerschaften redet, darf man die vielen nicht vergessen, ohne die nichts gegangen wäre: Ob das nun Annette Wackershauser ist, die von Anfang an an jeder Sendung und jedem Buch beteiligt war, unsere Kochassistentinnen, unsere Regisseure, unsere Lektoren, die Fotografen, die Grafiker und Buchgestalter, die Mitglieder der technischen Teams und vor allem die Fernsehdirektoren und Hauptabteilungsleiter, die an uns und unsere Sendungen geglaubt haben und glauben, die uns die Freiheit geben, uns weiterzuentwickeln. Es sind noch manche, die im Verborgenen an »unserer Suppe mitköcheln« und deren Namen keine Titelliste nennt. Auch ihnen gilt unser Dank.

Kathrin Rüegg und Werner O. Feißt

Provence

Von Werner O. Feißt

Ich ahnte nichts von der Provence bis zu dem Tag, es muss um das Jahr 1947 gewesen sein, an dem mir mein Freund Waldemar mitteilte, er hätte sich verliebt. Für einen Menschen von knapp siebzehn Jahren, männlichen Geschlechts, war das auch damals eine durchaus natürliche Angelegenheit. Er schilderte mir, wie er im Institut de France – ich kannte das Gebäude bestens, denn knapp zweieinhalb Jahre davor ging ich im Zug meiner unbewältigten HJ-Vergangenheit noch in diesem Haus ein und aus – in der Bibliothek beim Suchen eines bestimmten französischen Werkes einer jungen Französin begegnet sei, die ein Problem mit der deutschen Sprache hatte und sich von ihm diesbezüglich hätte belehren lassen. Er hätte sich umgehend mit ihr zu einem Kaffee verabredet, von dort komme er jetzt und es sei überhaupt nicht zu leugnen, dies sei die Frau seines Lebens.
Natürlich ließ es sich nicht vermeiden, dass er kurz darauf seinen besten Freund, nämlich mich, »rein zufällig« bei einem weiteren Rendezvous dabei hatte. Selbstverständlich hatte ich etwas ganz anderes vorzuhaben und hatte mich infolgedessen sofort wieder zu verabschieden, aber so begegnete ich Janine zum ersten Mal.
Sie war die Tochter eines Kaufmanns, studierte Deutsch, war zu diesem Zweck von der französischen Regierung nach Deutschland geschickt worden und stammte aus Avignon. Sie war blond und schmal und wunderschön, und ich verstand meinen Freund Waldemar hervorragend.

◀ *Dunkle Zypressen, Weingärten, Berge*

Wir waren oft beisammen. Sie erzählte von ihrer Heimat, und ich lernte die Provence kennen, die mir davor nichts bedeutet hatte. Ich lernte das Lied »Sur le pont d'Avignon«, wo alle tanzen, alle Glieder der Gesellschaft, sie erzählte mir von den Päpsten und dem Lotterleben an deren Hof in Avignon, das der Dichter Petrarca so geißelte, von den überfüllten Wohnhäusern, weil alle Welt nach Avignon drängte, um am korrupten Papsthof etwas zu werden, und sie erzählte mir vom guten König René von Tarascon, in dessen Land es allen Leuten so gut ging. Sie erzählte von den endlosen Lavendelfeldern, von ihrem Duft und von dem Honig, den die Bienen aus den Blüten saugen, von dem Duft der Lavendeldestillerien, wo die getrockneten Blüten bündelweise verbrannt werden und wo sich das Lavendelöl im Kamin niederschlägt, von dem gelben Ginster, der die blauen Lavendelfelder umgibt und mit dem Lavendel um die Wette duftet, von den alten Abteien und ihren Mönchen, von den römischen Amphitheatern in Arles und in Nîmes, wo die Provenzalen ihre Art von Stierkampf kämpfen, genauso wie im Gehege hinterm Gasthaus, bei dem dem Stier nichts passiert, weil man ihm ja nur eine farbige Quaste, die er zwischen den Hörnern trägt, abreißen muss, gefährlich für den Menschen, nicht für den Stier. Sie erzählte von den Hirten der Provence, die in der heiligen Nacht nach Les Beaux ziehen, mit ihren Schafen, um dort in der Kirche der Barfüßer Weihnachten zu feiern. Und manchmal brachte sie eine Flasche von jenem roten Wein mit, der mir bis heute als einer der besten erscheint: den »Châteauneuf-du-Pape«, den Wein vom neuen Schloss des Papstes.
Seitdem träume ich von der Provence ...

Nun war Janine nicht allein in die französisch besetzte Zone geschickt worden, um deutsch zu lernen und an einer deutschen Schule Französischunterricht zu erteilen als Praktikum für ihr bevorstehendes Examen als Deutschlehrerin. Es war eine ganze Gruppe von Französinnen und Franzosen, die in Freiburg und Umgebung zugleich lehrend und lernend tätig waren. Zu den Abenden bei Waldemar kamen, von Janine mitgebracht, auch andere junge Französinnen. In Erinnerung ist mir die Nichte des damals höchsten Besatzungsgenerals und die Tochter eines der bekanntesten Autoren des Existenzialismus. Wir kamen zusammen, um – auf deutsch – französische und deutsche Literatur zu lesen und zu diskutieren. Ich habe unendlich viel dabei gelernt. Weit mehr jedenfalls als in der Schule, die ich damals ja noch besuchte.
Eines Tages war eine rundliche, sanfte Bretonin dabei mit schwarzem Haar, die mir überaus gut gefiel. Und so verliebte auch ich mich in einen französischen Oberleutnant, denn diese Mädchen hatten alle einen militärischen Rang, um juristisch Teil der Besatzungsarmee zu sein. Obwohl das Mädchen Anique, was die Dialektform von Annele ist, Bretonin war, kam ich durch sie zu einer zweiten Begegnung mit der Provence. Denn – erlassen Sie mir die Einzelheiten – bei einer bestimmten Situation erklärte mir Anique, es gehe ihr wie der Ziege des Monsieur Seguin. Dass die Ziege des Monsieur Seguin der Titel einer Geschichte war, wusste ich. Dass diese Geschichte zu den »Briefen aus meiner Mühle« gehört, bekam ich durch geschicktes Fragen bei der Freundin meines Freundes heraus und dass der Autor dieser Briefe ein provenzalischer Dichter namens Alphonse Daudet war, auch. Also, was lag näher, wenn man als ungeduldiger Liebhaber wissen wollte, wie es der Geliebten ginge im Hinblick auf gewisse eben diese Liebe betreffenden Umstände? Ich eilte ins Institut de France, lieh mir bei Annemarie, der Generalsnichte,

sie hatte gerade Bibliotheksdienst, den Daudet aus und setzte mich, um keine Zeit zu verlieren, in den Lesesaal. Natürlich las ich zuerst die Geschichte von der Geiß. Sie hatte sich vorgenommen, so lange Widerstand gegen den Wolf zu leisten, bis die Sonne aufgeht. Das tat sie die ganze Nacht hindurch, und als die Sonne aufging, hat sie sich ohne weitere Gegenwehr fressen lassen. Aha. Nun wusste ich also Bescheid. Aber, ich konnte nicht aufhören zu lesen. Zu gut hat Meister Daudet erzählt. Ich habe an jenem Nachmittag sämtliche »Briefe aus meiner Mühle« gelesen und mich von Daudet noch mehr für die Provence verzaubern lassen.

Auch diese Epoche ging vorbei. Anique kehrte nach Frankreich zurück, machte ihr Examen und wurde vergessen. Janine kehrte auch zurück. Waldemar ging mit ihr, um seinerseits in Paris zu studieren. Die beiden haben geheiratet und haben ein Leben lang miteinander gelebt. Glücklich! Aber das nur nebenbei.

Mir blieb das Fernweh nach der Provence.

Einige Jahre später, ich hatte eben mein Examen gemacht, war wohlbestallter Junglehrer an einer Schule im Kaiserstuhl, fragte mich mein Freund Gerd, ob ich Lust hätte, mit ihm in die Provence zu reisen. Ich hatte Ferien, ich hatte ein wenig Geld, und da war diese alte Sehnsucht. Wir fuhren also mit dem Zug in die Provence, wer hatte schon um 1952 herum ein Auto. Wir fuhren am Abend los, mit einem Bummelzug nach Mülhausen im Elsass. Dort erreichten wir, es war schon gegen Mitternacht zu, den Nachtschnellzug nach Süden. Es waren uralte Eisenbahnwagen, die den Krieg in irgendeiner Form mitgemacht hatten. Schmutzig und verbraucht. Gerd lag im Gepäcknetz, ich hatte meine Füße auf die gegenüberliegende Bank gelegt, eine Zeitung darunter natürlich. Während der Nacht wurde ich immer wieder wach. Reisende stiegen zu und stiegen aus, mussten über meine ausgestreckten Beine klettern, taten dies ohne Protest. Ich hatte ein schlechtes Gewissen und schlief immer wieder ein. Dann wurde ich wach. Der Zug stand. Irgendjemand verhandelte lautstark. Ich öffnete das Fenster. Warme Luft strömte herein. Der Himmel war blau. Die Sonne schien. Es roch anders als daheim. Dann fiel mir das Licht auf mit seiner besonderen Klarheit, zum ersten Mal das Licht der Provence. Ich habe Gerd geweckt. Er verstand meine Begeisterung nicht, er war einfach noch müde. Eine halbe Stunde später kamen wir in Avignon an. Da wollten wir aussteigen. Janines Geschichten waren wohl bestimmend bei der Wahl dieses ersten Ziels. Gegenüber dem Hauptbahnhof war eine Art Stadttor. Wir gingen in die Stadt, versuchten Janines Eltern Guten Tag zu sagen. Sie waren nicht da. Wir kauften ein Frühstück: Weißbrot und Käse und Tomaten, und dann saßen wir im Park hinter dem Papstpalast, ließen es uns schmecken und schauten hinab auf die Rhone und auf die berühmte Brücke. Niemand hat darauf getanzt. Die Rhone strömte breit und behäbig. Auf dem anderen Ufer lag der Weinberg des Papstes. Gerd drängte auf einen Besuch im Papstpalast. Er war enttäuschend. Nackte Mauern, kahle Räume. Von päpstlicher Herrlichkeit keine Spur. Die Geschichte vom Maultier des Papstes kam mir in den Sinn. Ich habe sie Gerd erzählt. Er fand sie nicht lustig. Wahrscheinlich hatte ich die Pointe verdorben. Es ist die Geschichte vom Papst, der sein Maultier über alles liebte und an den sich ein Höfling heranmachte, indem er das Maultier über alles zu lieben vorgab. In Wirklichkeit plagte er das arme Tier, wo immer er konnte. Eines Tages zog er es sogar hinter sich über die Treppe hinauf auf die höchste Zinne des Palastes. Es musste mit dem

Kran heruntergelassen werden. Der Papst war sehr traurig, dass sein geliebtes Maultier solche Sachen anstellte. Dass der Höfling schuld daran sein könnte, kam ihm nicht in den Sinn. Ja er schickte ihn sogar in einer besonders wichtigen Mission nach Rom. Sieben Jahre blieb er dort. Sieben Jahre lang sann das tief verletzte Maultier auf Rache und übte einen besonders hinterhältigen Tritt ein. Dann kam er aus Rom zurück, begrüßte den Papst und fragte sofort in seiner Falschheit nach dem Maultier. Der Papst selbst, gerührt über so viel Tierliebe, führte ihn in den Stall zu seinem Maultier. Da gab das Maultier dem Höfling einen ungeheuren Tritt, und bis heute sagen die Leute in der Provence, so behauptet Daudet, von einem, der nachtragend ist, der hat ein Gedächtnis wie das Maultier des Papstes.

Wir fuhren nach Tarascon und wir fuhren nach Arles, wir fuhren nach Nîmes. Wir sahen die fruchtbaren Felder der Provence, wo Melonen wuchsen, rund und süß, und Tomaten und Auberginen und Artischocken, wir sahen die Pappeln wie Flammen in der Ebene stehen, wir sahen die Zypressenhecken, mit denen die Provenzalen ihre Äcker vor dem Mistral, dem Nordwind, schützen, wir sahen die wunderschöne Stadt Arles, die ich seitdem liebe, mit der Kaiserkirche St. Trophime und ihrem wunderbaren Portal.

Wir besuchten in Arles einen Stierkampf und träumten uns in der römischen Arena zurück, in die Zeit, als dies die römische Provincia Transalpina war.

Wir wohnten in kleinen billigen Hotels, lebten von Brot und von Käse, von Früchten und Orangensirup, den wir uns in der kleinen Bar an der Straßenecke bestellten, und die Provence war so, wie ich sie mir vorgestellt hatte, wie sie Janine geschildert hatte und die Provenzalen waren so sympathisch und nett mit uns zwei Deutschen, sechs Jahre nach dem Krieg. Mit jedem Tag, den wir in der Provence verbrachten, wurde unser Lebensgefühl provenzalischer, südlicher. Hatten wir am Anfang noch das Muss bestimmter Sehenswürdigkeiten, schauten wir uns zum Schluss nur gerade das noch an, was uns aus irgendeinem Grund gefiel. Was mir vor allem auffiel, waren die wunderschönen Mädchen der Provence. Das heißt um es genau zu sagen, die Frauen hatten etwas gemeinsam mit den Melonen, die wir täglich aßen. Wenn sie jung waren, hatten sie etwas von der Fülle dieser Melonen und den Hauch einer Ahnung, wie vergänglich diese Schönheit sei. Waren sie indes etwas älter, sagen wir über fünfundzwanzig, so war diese Schönheit vergangen, sie waren dürr und herb.

Gerd und ich fuhren ans Meer, fuhren durch die Camargue. Ich glaube, diese Eisenbahnlinie gibt es gar nicht mehr. Sie endete in einem kleinen Fischerdorf namens Le-Grau-du-Roi.

Der Bahnhofsvorplatz bestand aus Sand. Die Straßen bestanden aus Sand. Das ganze Leerau lag rechts und links eines breiten Kanals, der am Nordrand der Camargue entlang führt. Es gab eine Brücke, um vom einen Ortsteil in den anderen zu kommen. Es gab zwei Molen mit jeweils einem Leuchtturm. Am Abend fuhren die Fischerboote hinaus, am Morgen waren sie wieder da mit frischem Thunfisch. Die Unterhaltung der Dorfbevölkerung und der Fremden bestand darin, vom einen Leuchtturm zurück zu wandern ins Dorf, über die Brücke zu gehen und zum anderen Leuchtturm nach vorn. Und das immer wieder. Man muss sich vorstellen, es war Mitte Juli. Es gab eine Hand voll Fremde. Wir bekamen im Hotel ohne Problem Zimmer. Glückliche Zeiten, damals vor fünfundvierzig Jahren. Wir blieben eine Woche, zum Baden, zum Spazierengehen in der Camargue, wo die wilden Stiere und

die wilden schneeweißen Pferde herumlaufen und wo wie rosa Wolken Flamingos aufsteigen und wieder landen, um im flachen Wasser zu fischen.
Dann fuhren wir nach Marseille, wohnten zwei Häuser vom Büro der Légion Etrangère entfernt, ließen uns von Landsleuten mit dem weißen Käppi zum Drink einladen und durchstöberten den alten Hafen, gingen hinauf zur Notre Dame de la Garde, sahen die traumhafte Stadt zu unseren Füßen liegen und das Château d'If, wo der Graf von Monte Christo eingekerkert gewesen war.
Wir fuhren nach Aix, fanden die Stadt sehr still und wenig aufregend, sahen Lavendelfelder, atmeten ihren Duft, und unsere letzte Station war dann Cassis, jener Ort östlich von Marseille, von dem der Dichter Mistral sagt: »Hast du Paris gesehen, dann hast du nichts gesehen, wenn du Cassis gesehen hast, hast du die Welt gesehen.«
Als ich am frühen Morgen nach der Reise die Straße zu unserem Haus hinauf ging, sagte meine Tante, die es wissen musste, hatte sie doch lange Jahre in Italien gelebt, zu meiner Mutter: »Schau, Olive, er kommt aus dem Süden, man sieht es ihm an.«
Zwanzig Jahre hat es gedauert, bis ich wieder in die Provence fuhr. Dieses Mal mit meiner Frau und einem Kollegen. Wir fuhren mit dem Wagen durch, mit kleineren Stops natürlich, um etwas zu essen und zu trinken, und als ich hinter Avignon die Autobahn verließ, war ich rechtschaffen müde. Man fährt durch Alleen von Platanen, begleitet von kleinen Kanälen. Rechts und links sind Felder, aber man sieht nicht weit, eben nur bis zur nächsten Zypressenhecke. Als ich nach

Häuser in der Camargue

St. Rémy kam, dämmerte es bereits. Übrigens von St. Rémy muss ich eine merkwürdige Begegnung erzählen, die ich einige Jahre später hatte. Bei St. Rémy gibt es ein altes Kloster, St. Paul de Mausole. Kirche und Kreuzgang sind erhalten. Es lohnt sich, sie zu besuchen und dabei einige Gedanken an einen Mann zu verschwenden, der in St. Rémy geboren ist: Michel de Nostredame, der als Nostradamus bekannt geworden ist und an dessen Prophezeiungen bis heute herumgerätselt wird. Es ist ihm gelungen, sie so zu verschlüsseln, dass man sie erst versteht, wenn die prophezeiten Ereignisse bereits eingetreten sind. Auf alle Fälle hat er es auf diese Weise geschafft, als überaus zuverlässiger Prophet zu gelten.

Aber wegen ihm geht man nicht nach St. Paul. Man schaut die schöne romanische Kirche an und den Kreuzgang und denkt daran, dass in den neueren Gebäuden, die zum Klosterkomplex gehören, eine Irrenanstalt untergebracht war. Ihr berühmtester Insasse war Vincent van Gogh, den man hierher brachte, nachdem er sich im Zustand geistiger Verwirrung mit dem Rasiermesser ein Ohr abgeschnitten hatte.

Heiner und ich standen eines Tages am Zaun der Anstalt, redeten über van Gogh und sein Schicksal, über den Maler, dessen Gemälde heute für Millionen verkauft werden und der zu seinen Lebzeiten nie ein einziges Bild verkaufen konnte. Was muss in einem Künstler vorgehen, der nie den mindesten Erfolg hat? Da hörten wir plötzlich Stimmen. Im Garten saßen Frauen, vielleicht zehn oder fünfzehn, alle in einer einheitlichen Tracht. Blau-weiß gestreifte Kleider, dunkelblaue Schürzen, Strohhüte mit breiten Krempen, und sie sangen mit ihren alten, brüchigen Stimmen das Chanson »Parlez-moi d'amour«. Ein Frühlingsmorgen, eine warme Sonne, ein blauer Himmel, das Grün des Frühlings, Blumen und dieses »Parlez-moi d'amour« der Vergänglichkeit!

Aber zurück zu jenem Abend, als wir von der Autobahn herkamen und in St. Rémy abbogen in die Alpilles hinein. Ich wollte in Les Beaux übernachten. Ich hatte von dem wunderschönen Hotel gehört, das es in Les Beaux gibt. Man fährt in Serpentinen vorbei an der römischen Ausgrabungsstätte Glanum, hinauf auf den Grat der Alpilles, der nur wenige hundert Meter hoch ist und doch so hochalpin wirkt. Links vom Pass liegen die Ruinen der verlassenen Stadt Les Beaux, rechts geht es hinunter und man kommt auf den großen Parkplatz des Hotels. Mercedes und Porsche und BMW und Rolls-Royce standen dort. Es hätte mir zu denken geben sollen. Ich stellte meinen bescheidenen Opel daneben und stieg aus, müde wie ich war. Ein Parkwächter, wie ich glaubte, kam und fragte nach unserem Begehr. Ich nannte ihm meinen dringenden Wunsch nach Zimmer, Dusche, Abendessen, Bett in dieser Reihenfolge. »Nein«, sagte er, man könne uns hier nicht helfen, man sei komplett, aber wenn er mir behilflich sein könnte. Ich dankte, stieg wieder ein. Meine Frau und mein Kollege waren gar nicht erst ausgestiegen. Ich fuhr weiter, hinunter in das kleine Tal, das zwischen den Felszügen der Alpilles liegt. Inzwischen war es ganz Nacht geworden. Ich entdeckte einen lang gestreckten Bau, der sich als Restaurant herausstellte. Ich fuhr vor, stieg aus. Diesmal folgten meine Frau und mein Kollege, den ich Fritz nennen möchte. An der Theke wurden wir von einer Dame begrüßt. Ihr nannte ich meine Wünsche. Sie bat uns einen Augenblick zu warten, telefonierte, und nach kurzer Zeit erschien – der Parkwächter vom oberen Hotel. Er sagte, ohne einen Vorwurf, ich möge ihm mit meinem Auto folgen. Wortlos stiegen wir in unser Auto. Ich fuhr hinter ihm her. Es ging weiter das Tal hinunter, dann bogen wir in einen Park ein. Er hielt, läutete an einer Glocke, kam dann zu mir und sagte mir, die Dame des Hauses würde gleich kommen und mir die Zimmer, das weiße, das grüne und das rote zeigen. In der Tat, eine freundliche Dame erschien, begrüßte uns und führte uns an dem Schlösschen entlang. Durch ein Fenster sah ich eine große Bibliothek mit vielen alten Büchern. Auf einem Schreibpult lag ein Totenschädel, daneben eine Sanduhr. Es war wie die Dekoration zu einem Gruselfilm. Sie öffnete eine Tür. Wir kamen in einen Raum, ganz in dunkelrot mit dunkelbrauner Holztäfelung, Muranospiegel hingen an den Wänden. In der Mitte stand ein wunderschönes Renaissancehimmelbett mit dunkelrotem Baldachin aus schwerer Atlasseide. Das Bett, das sehr hoch war, konnte man mit einem kleinen Treppchen besteigen. In einem Buchregal standen zahllose Jahresbände der englischen renommierten Medizinerzeitschrift »Lancet«. Ich entschied: »Fritz, das Zimmer nimmst du«. Das nächste Zimmer war grün und modern, hatte zwei getrennte, niedrige, angenehme Betten. Das nahmen meine Frau und ich. Wir gingen noch einmal fort zum Abendessen in das Restaurant. Wir aßen sehr gut. Dann kehrten wir zum Schlösschen zurück. Fritz ging in sein rotes Gemach, wir in unser grünes. Ich war unendlich müde. Während ich einschlief, lief eine Maschine an. Ich dachte an Fritz und dass der wohl jetzt Angst hatte, allein in seinem dunkelroten Himmelbett im dunkelroten Raum mit der Chirurgenzeitschrift. Als ich wach wurde, schien die Sonne herein. Draußen im Garten war der Tisch gedeckt mit Kaffee und Milch und allem, was einem morgens das Herz erfreut: gekochte Eier, Wurst, Käse, Honig, Butter, frische Brötchen, kräftiges Bauernbrot, Honigkuchen und eine Art Gugelhupf. Im Garten blühten Kirschbäume, schneeweiß vor dunkelgrünen Zypressen.

Fritz hatte tatsächlich Angst gehabt, gestand er mir später.

Am nächsten Tag hatte ich mir vorgenommen, meiner Frau Arles zu zeigen. Jahrelang hatte ich ihr vorgeschwärmt, wie schön die provenzalischen Mädchen sind. Aber ich hatte meine Rechnung ohne den Zeitgeschmack gemacht. Inzwischen hatte der Wahnsinn des Dünn-sein-Wollens um jeden Preis auch die Provence erreicht. Und Schlanksein steht den provenzalischen Mädchen nicht. Waren sie früher Ende Zwanzig dürr und herb, jetzt sind sie es auch schon vorher.

Irgendwann habe ich auch den Vater von Janine kennen gelernt. Er hat mich mitgenommen zu einer seiner Lieblingsbeschäftigungen, zum Petanquespielen. Boule nennt man es auch. Es wird mit eisernen Kugeln gespielt. Für mich ist es der Ausdruck südländischer Muße. Was mir besonders daran gefällt, ist, man braucht keine eigene Bahn dazu, sondern irgendwo auf einem nicht asphaltierten Gehweg, auf einem naturbelassenen Platz kann man es spielen. Da stehen sie dann, die provenzalischen Mannen, haben Baskenmützen kühn auf dem Kopf, die Gauloise klebt an der Unterlippe und sie spielen hingebungsvoll Boule. Sie brauchen noch nicht einmal eine Beiz, um Boule zu spielen. Dafür nehmen sie das Spiel ganz ernst. Zwei Parteien werden gebildet, und es geht darum, welche Partei eine ihrer Kugeln am nächsten an die winzige Holzkugel, die das Ziel darstellt, heranbringt. Es ist ein rein männliches Spiel. Nie habe ich eine Frau im Kreis der ernsthaften Männer gesehen, die mit größter Akribie den Abstand der Kugeln messen. Vielleicht ist das Spiel auch ein Symbol. Vielleicht sind die eisernen Kugeln männlich und die kleine hölzerne Kugel, das Ziel, weiblich? Und die männlichen Kugeln drängen sich um die weibliche, um sie zu erreichen. Wenn alles entschieden erscheint, dann kommt eine kühne Kugel und entführt das Ziel und alles ist wieder anders. Spiel als Symbol des Lebens.

Das Beste von Kathrin und Werner

Sie nehmen mich ohne weiteres in ihren Kreis auf und lassen mich mitspielen, mich, den Fremden. Das ist kein Wunder, gelten doch die Provenzalen in ganz Frankreich als ein besonders freundlicher und zuvorkommender Menschenschlag, dem ein ganz klein wenig der Geruch von Unzuverlässigkeit anhängt und die Tendenz, große Worte zu machen, was man grade beim Boulespiel gut beobachten kann. Die meisten haben dunkle Haare, aber es sind auch ein paar blonde darunter. Während ich darauf warte, mit dem Spielen an die Reihe zu kommen, schaue ich mir den Gesichtsausdruck meiner neuen Freunde an. Wie unterschiedlich ist er doch, spricht von all den Völkern, die im Laufe der Geschichte ihren Beitrag zur provenzalischen Bevölkerung geleistet haben. Schon die ursprünglichen Bewohner, die Ligurer, waren vermutlich keine einheitliche Bevölkerung. Dann kamen Griechen, gründeten Massalia, will sagen Marseille, und hatten Niederlassungen an der ganzen Küste entlang. Antibes zum Beispiel. Dann kamen die Kelten das Rhônetal herunter und die Griechen, die als friedliche Handelsleute keine Heeresmacht unterhielten, riefen die Römer zu Hilfe. Die Römer machten aus dem Gebiet ihre erste Provinz, die Provincia Transalpina, die Provinz jenseits der Alpen, und aus dem römischen Wort Provincia wurde das französische Wort Provence. 400 Jahre lang lebten die Provenzalen in der Pax Romana, dem römischen Frieden. Arles und Nîmes und Orange waren römische Städte. Und Vaison und Aix. Sie waren glänzende Handelsmetropolen und wurden mit prachtvollen Bauten ausgestattet, die zum Teil bis heute existieren.
Dann kamen die Westgoten. Dann die Ostgoten, die Burgunder, die Franken. Dann kamen die Araber, die als Sarazenen von der Mittelmeerküs-

◀ *Kloster Sémanque*

te aus bei ihren Raubzügen bis weit nach Norden vorstießen. Dann gehörte die Provence für eine Zeit zum Heiligen Römischen Reich Deutscher Nation. Kaiser Barbarossa ließ sich 1178 in Arles zum König des Arelats krönen. Dann wechselten die Herren. Das Unglück der Katharer ging über das Land. Die Katharer, das war eine Sekte, die Ernst machen wollte mit dem Christentum gegen den Niedergang der Kirche, die Verweltlichung im 13. und 14. Jahrhundert. Die Inquisition rottete die Katharer aus. Wie sagte der oberste Inquisitor, ein Dominikanermönch, als ihn der Offizier fragte, an was man die Katharer erkennt: »Tötet alle, Gott kennt schon die Gerechten.«
Im 14. Jahrhundert war Avignon für einige Jahrzehnte Sitz des Papstes, und dies ist dann auch die Zeit, wo auf den Burgen der Provence die Troubadoure den Ruhm der Damen sangen. 1487 fiel die Provence endgültig an Frankreich.

Irgendwann einmal habe ich meine Freunde besucht, die ihren Urlaub in den Bergen der Hochprovence verbrachten. Die Hochprovence ist eine recht einsame Gegend, mit hohen Bergen, fast 3000 Meter hoch, tiefen Schluchten, mit aufregenden Flüssen, die ein Eldorado der Kanuten sind, mit malerischen kleinen Ortschaften, einer Landschaft, wo sich grasbewachsene Tälchen mit kahlen Höhenrücken abwechseln, Tannenwälder mit verwunschenen kleinen Seen. Das Wandern kommt einer Entdeckungsreise gleich. Es kann einem passieren, dass man über eine Bergwiese geht, auf der Edelweiße wie andernorts Gänseblumen wachsen. Sie fallen einem wegen der großen Zahl zunächst gar nicht auf. Man kann aber auch leicht auf den Wiesen einen Ring Wiesenchampignons finden, zwei, drei Kilo in fünf Minuten. Bergeinsamkeit, die man mit Adlern, Gämsen und Murmeltieren teilt. Und das Ganze zwanzig, dreißig Kilometer nördlich von Nizza, wo sich die Touristen auf den Füßen herumtreten. Da oben habe ich in einer namenlosen Wirtschaft die bisher einzigen Bachkrebse meines Lebens gegessen. Ich muss Ihnen das erzählen. Sie kamen ganz frisch gefangen und zubereitet auf einer riesigen Silberplatte auf den Tisch. Natürlich hatte es vorher Vorspeisen gegeben und Entremets gegen den Hunger. Wenn ich mich recht erinnere, war es roter Reis aus der Camargue mit frischen Pilzen. Der Wirt selber brachte die Platte mit den aufregenden Krebsen, und dann bekamen wir Schürzen um, als ging es zum Arbeiten. Schon ging es los mit dem Aufknacken und Auslutschen. Natürlich waren die Hände im Nu bedeckt mit der scharfen roten Sauce. Unglücklicherweise hatte ich mich bei der Fahrt in die Hochprovence erkältet. Kein Wunder, denn drunten im Rhônetal war es unendlich heiß und oben auf den Höhen blies ein frischer Wind. Kurz, ich hatte den schlimmsten Schnupfen, den man sich vorstellen kann. Gott sei Dank war dieser Schnupfen über die Phase hinweg, wo er die Geschmacksnerven lähmt. Schmecken also konnte ich, aber, so frage ich Sie, wie sein Laufen mit den saucengetränkten Händen stoppen? Es war völlig unmöglich, zum Taschentuch zu kommen. Ein unendliches Geschniefe war die Folge. Ich kann nicht an Bachkrebse denken, ohne dass mir jener Schnupfen einfällt.
Wir sind miteinander wandern gegangen. Es hat in jener Gegend nicht viele Wanderwege. Man folgt Trittspuren und Wildwechsel. Wir kamen auf einen lang gezogenen Bergrücken, der auf der einen Seite steil nach unten abfiel. Wir saßen und nahmen unser Vesper zu uns. Etwa 300 Höhenmeter tiefer, am Fuß des Steilhangs, war eine Schafherde. Die Hochprovence wird mit Schafherden beweidet. Schafe gehören zum Bild dieser Landschaft. Bei der Herde befand sich ein Hirt. Ich winkte ihm zu, aus der fröhlichen Stim-

Frühling am Mont-Ventoux

mung des wunderschönen Tages. Da begann er den Hang heraufzusteigen. Waldemar meinte, wenn der heraufkommt, kriegen wir ihn nicht mehr los, denn diese Hirten sind oft wochenlang allein unterwegs und sehen keinen Menschen. Wir standen auf und gingen weiter. Ich war keine zwanzig Schritte gegangen, da trat ich mit dem Fuß in eine Vertiefung im Boden die ich im Gras nicht gesehen hatte. Ich versuchte, mich mit dem anderen Fuß abzufangen und kam mit dem zweiten Fuß ebenfalls in eine Vertiefung. Es tat einen lauten Knacks in meinem Knöchel, und ich konnte nicht mehr auftreten. Das Schlimme war, wir waren ja an einem Ort ohne Weg und Steg. Der Abstieg durch Gebüsch und Geröll gehört zu den schlimmsten Erinnerungen meines Lebens. Meinen Fuß hatte ich Gott sei Dank nicht gebrochen, aber ich hatte wochenlang mit der Verstauchung zu tun. Das allein wäre nun nicht wert, erzählt zu werden, hätte nicht Janine am darauf folgenden Tag ihr Bein gebrochen und wäre nicht Waldemar am selben Tag von einem Felsblock am Bein verletzt worden. Ich bin überzeugt, der enttäuschte Hirt hat uns verflucht. Mit einem jener Flüche, die bei den Hirten aller Gegenden seit Urzeiten überliefert werden.

Die Mutter von Janine hat mich eingeladen, mit ihr zum Fischmarkt zu gehen. Sie will Bouillabaisse kochen, die Königin der provenzalischen Küche. Sie ist eine Spezialität von Marseille, hat also wahrscheinlich griechischen Ursprung. Jedenfalls bin ich einer ähnlichen Suppe auch auf Kreta begegnet.

Zurück zur Provence. Sieben Sorten Fisch, so erläutert mir Madame Robert, gehören unbedingt dazu. Und die kauft sie jetzt ein. Unbedingtes Muss an Zutaten sind Rascasse (Drachenkopf), Grondin (Knurrhahn), Congre (Seeaal), Fische, die grausig ausschauen. Dazu kommen noch kleine Fische und Garnelen. Die Brühe, in der der Fisch gekocht wird, besteht aus Knoblauch, Zwiebeln, Safran, Thymian, Lorbeer, Fenchel, Orangenschalen, Tomaten, Salz, weißem Pfeffer und etwas Weißwein, der den Geschmack abrundet.

Nachdem wir die Zutaten daheim hatten, natürlich hatte Madame Robert sorgfältig ausgesucht, wurden die Fische zunächst einmal geputzt und geschuppt. Dann wurde ein erster Sud aus Köpfen und Flossen gekocht, der die Grundlage für alles weitere war. Jedenfalls dauerte die Zubereitung alles in allem fast einen Tag. Am Morgen waren wir auf den Markt gegangen, am Abend konnte die Bouillabaisse gegessen werden. Zunächst wurde die Suppe gegessen. Dazu gab es geröstete Weißbrotscheiben. Sie wurden mit Rouille bestrichen, einer Knoblauch-Pfeffer-Mayonnaise,

der der Saft von Seeigeln beigefügt wurde.
Ist die Suppe gegessen, werden auf einer Platte die filetierten Fische serviert und mit Brot und selbstverständlich Rouille gegessen. Dazu gab es an diesem Abend einen Weißwein, der seitdem für mich neben dem »Château-neuf-du-Pape« der Inbegriff der Provence ist, einen »Blanc de Blanc«.
Madame Robert sagte, neben der Bouillabaisse gäbe es auch eine einfachere Fischsuppe, die sie im Alltag zubereitet, die Bourride. Sie ist im Geschmack nicht ganz so intensiv und besteht aus Seeteufel, Barsch und Seehecht.
Dann kam Madame ins Schwärmen. Sie ließ mich wissen, dass es sechsundvierzig Fischarten auf dem Fischmarkt gäbe. Die besten seien Dorade (Goldbrasse) und Lotte (Quappe), Merlan (Seehecht), Raie (Rochen), Limande (Scholle) und Rascasse (Drachenkopf). Überhaupt sei die Küche der Provence die beste der Welt. Es gäbe allein 420 Spezialgerichte. Und dass das alles so gut schmecke, das habe seinen Grund darin, dass alle Zutaten ganz frisch seien, dass in der Provence ein wunderbares Olivenöl gepresst werde, das seinesgleichen sucht und dass die Landschaft voll sei mit erlesenen Kräutern. Weite Teile der Provence seien Heidelandschaft, die so genannten Garrigues, wo zahllose würzige Kräuter wachsen, zum Beispiel unterschiedliche Thymianarten. Dann der Salbei, der Rosmarin, der wilde Lavendel und die Sarriette, ein wildes Bohnenkraut. Ich könnte mir übrigens sicher vorstellen, wie fein das Fleisch der Lämmer schmeckt, die in der Garrigues auf die Weide getrieben werden. Eine Besonderheit der provenzalischen Küchen sei die Verwendung von Knoblauch. Aber es sei falsch, wenn man annehme, essen sei für die Provenzalen nur ein Vorwand, um Knoblauch zu sich zu nehmen, wie böse Leute sagen. Eine gute provenzalische Hausfrau verwendet Knoblauch nur ganz gezielt und außerdem möglichst immer frisch und nicht abgelagert. Schließlich müsse man auch auf die köstlichen Gemüse hinweisen, die in großer Menge und Qualität in der Provence wachsen. Madame Robert preist auch den Reis der Provence, der in der Camargue angebaut wird. Besonders geschätzt wird der rote Reis der Camargue.
In der Provence gibt es hauptsächlich Ziegen- und Schafskäse. Zum Beispiel der Käse aus Banon, der in Blätter eingehüllt ist und mit Marc angefeuchtet wird. Und schließlich ein wunderbarer frischer Ziegenkäse.
Und dann gibt mir noch Monsieur Robert einen Tipp für die Auswahl der Weine. Er empfiehlt mir beim Einkauf darauf zu achten, dass auf den Etiketten entweder »A.O.C.« steht (Appellation d'Origine Contrôlée) oder »V.D.Q.S.« (Vin Délimité de Qualité Supérieure).
Aber wo liegt eigentlich die Provence? Es ist der südöstliche Teil Frankreich, zwischen dem Unterlauf der Rhone und den Seealpen, zwischen dem Mittelmeer und dem Bergland bei Grenoble. Selbstverständlich gehört also auch die Côte d'Azur zur Provence. Aber die Côte d'Azur ist sich längst so sehr entfremdet, dass man an den großen Touristenorten kaum Provenzalisches trifft. Vielleicht in den kleinen Gassen der Altstädte von Cannes und von Nizza, wo die reichen Leute nicht hinkommen.

Peloponnes

Von Werner O. Feißt

Wenn man einem Menschen, den man gern hat, einer Tochter zum Beispiel – es muss aber nicht unbedingt eine Tochter sein –, Griechenland zeigen will, ich meine das, was Griechenland ausmacht, dann eignet sich kein anderer Teil Griechenlands so sehr wie der Peloponnes.

Natürlich, Athen ist erstes Muss, natürlich muss man auf der Akropolis den Tempel der jungfräulichen Göttin besuchen, den Parthenon, der fast 2000 Jahre unversehrt stand, ehe ihn der Schuss aus einer venezianischen Galeere zerstörte. Natürlich muss man vom Omoniaplatz zum Sintagmaplatz wandern, vom wirtschaftlichen Zentrum Athens zum politischen, man muss vor dem Parlament das eigenartige Ritual der Wachen sehen und man muss in die Plaka gehen, um dort zu bummeln, zu essen und zu trinken, Bouzouki zu hören und das Ganze immer in Sichtweite altgriechischer Tempel. Piräus gehört dazu, die Hafenstadt Athens und der Abstecher nach Kap Sunion, zum Tempel des Poseidon, des Meeresgottes. Aber dann ist der Peloponnes dran. Griechenland sozusagen konzentriert.

Der Peloponnes macht ein Drittel des griechischen Festlandes aus und ist doch deutlich von diesem Festland getrennt. Da ist auf der einen Seite der Saronische Golf und auf der anderen Seite der Golf von Korinth. Beide berühren sich schier, wäre da nicht die schmale Landenge von Korinth. Irgendwer hat einmal geschrieben, der Peloponnes wäre eine »Fastinsel». Wenn man es ganz genau betrachtet, ist er sogar eine richtige Insel, denn die Landenge, der Isthmus von Ko-

◂ *Tanzgruppe aus Nauplion*

rinth, ist durch einen tief eingeschnittenen Kanal durchstochen. Der erspart der Schifffahrt, die aus der Adria kommt und nach Athen will, den weiten Umweg um den Peloponnes herum. Die alten Griechen nahmen es nicht ganz so genau. Sie nannten den Peloponnes eine Insel, Griechisch heißt Insel »nesos«. Also Peloponnesos, Insel des Pelops.

Was hat es mit diesem Pelops auf sich? Der Pelops, das war der Sohn des König Tantalos. Der ist wegen seiner Qualen, eben den Tantalusqualen bekannt. Und wenn nicht, dann gehört seine Geschichte sicherlich in ein Kochbuch. Denn dieser Ärmste wurde von den Göttern dazu verurteilt, in alle Ewigkeit Hunger und Durst zu haben. Um die Sache zu verschärfen, steht er in einem See von süßem Wasser, der ihm bis zum Mund reicht, und über seinem Kopf hängen die herrlichsten Früchte – ich nehme an, Apfelsinen und Pfirsiche, Aprikosen und Kirschen. Immer wenn er in seinem rasenden Durst von dem Wasser trinken will, verschwindet das Wasser schlagartig in der Erde und er steht auf trockenem Grund. Und jedes Mal, wenn er nach den Früchten greift, weichen diese vor seiner Hand ins Unerreichbare zurück. Womit hat er sich eine solche schreckliche Strafe verdient? Natürlich mit einer entsprechend schweren Sünde. Im Grunde sind es sogar mehrere. Er hat die Götter zu sich zum Essen eingeladen und nachher hat er ganz gewöhnlichen Sterblichen erzählt, was diese Götter beim Essen gesprochen haben. Sie müssen ja zugeben, dass dies allein schon eine schreckliche Strafe verlangt, denn wenn man schon einmal etwas von den Göttern erfährt, behält man es am besten für sich. Aber Tantalos hat noch etwas ganz anderes gemacht. Und jetzt kommt unser Pelops ins Spiel – Tantalos hat seinen Sohn, eben diesen Pelops, geschlachtet, gebraten und entsprechend zubereitet den Göttern zum Essen vorgesetzt, weil er wissen wollte, ob deren Allwissenheit so weit geht, dass sie merken, was sie da essen. Natürlich haben es die Götter gemerkt und haben sofort die Seele des Pelops aus der Unterwelt zurückgerufen und ihn völlig intakt aus dem Bratkessel wieder auferstehen lassen. Nur ein Missgeschick war passiert. Die Göttin Demeter, ja ausgerechnet die, die hatte in Gedanken verloren ein Schulterblatt verspeist, und so mussten die Götter dem Pelopsbuben ein Schulterblatt aus Elfenbein einsetzen (Demeter ist die Göttin der Erde und sie gibt das, was sie vom Menschen nimmt, nicht mehr zurück).

Der wiedererstandene Pelops war ein besonders hübscher Knabe und so blieb es nicht aus, dass sich sofort einer der Götter in ihn verliebte und zwar Poseidon, der Meeresgott. Er nahm ihn mit auf den Olymp. Schließlich konnte man ihn ja auch nicht bei seinem Vater lassen!

Als Tantalos tot war, kam Pelops vom Olymp zurück, und Poseidon schenkte ihm zum Abschied einen Sportwagen. Nichts Ungewöhnliches: Sportwagen werden bis heute bei solchen Gelegenheiten verschenkt! Da es in jener sagenhaften Vorzeit weder BMW noch Mercedes noch Porsche noch Ferrari gab, war es eben ein zweirädriger Wagen mit zwei schnellen Pferden davor, und weil es sich um ein göttliches Geschenk handelte, konnte man mit diesem Wagen sowohl auf den schlechten Straßen der Zeit als auch durch die Luft und über das Wasser fahren.

Da hörte Pelops, dass auf dem Peloponnes (der natürlich noch nicht so hieß) ein König seine wunderschöne Tochter demjenigen zur Frau geben würde, dem es gelänge, eben diese Tochter mit dem Wagen zu entführen, ohne dass der Vater ihn mit seinem eigenen Wagen einholen könne. Mit einem Wort die Ausschreibung eines Rennens! Zu diesem Zeitpunkt hatte dieser Vater, er hieß Oinomaos, was etwas mit Wein zu tun hat,

bereits dreizehn Bewerber mit seinem Pferdewagen eingeholt, umgebracht und ihre Köpfe über dem Eingangstor seiner Burg ausgestellt.
Für den Besitzer eines schnellen Wagens, wie Pelops, war das eine Herausforderung. Andererseits war das Mädchen Hippodameia so wunderschön und gefiel dem vielfach begabten Pelops so gut, dass er sich in sie verliebte. Aber da war noch einer, der eine Schwäche hatte für Hippodameia, nämlich der Fahrer des väterlichen Wagens. Also sein Mechaniker.
Den bestach Pelops mit dem Versprechen, er könne die Hochzeitsnacht mit Hippodameia verbringen (ob es dem Pelops nicht doch nur auf den Sieg ankam?). Jedenfalls Myrtilos, so hieß der Mechaniker, ersetzte am Renntag die eisernen Zapfen in den Radnaben durch solche aus Wachs. König Oinomaos, der Vater, pflegte den Bewerbern und der Tochter einen Vorsprung zu geben und so auch jetzt. Das Rennen ging von der sagenhaften Stadt Pisa, die irgendwo bei dem späteren Olympia gelegen haben soll, quer über die Halbinsel bis Korinth. Wenn der Bewerber mit Hippodameia Korinth erreichen könnte, dann hätte er gewonnen. Das aber war bisher noch nie gelungen. Der König fuhr also hinter Pelops und Hippodameia her, die Stifte in den Radnaben schmolzen, die Räder fielen von der Achse, der König verwickelte sich in die Zügel und wurde von den Pferden zu Tode geschleift. Myrtilos hatte sein Wort gehalten. Pelops heiratete Hippodameia. Es ging nur noch um das fatale Versprechen an Myrtilos. Natürlich war Myrtilos als Fahrer begierig, einmal mit dem Wunderwagen des Pelops zu fahren. Der lud ihn ein zu einer Runde über dem Golf von Korinth, und als sie in entsprechender Höhe unterwegs waren, warf Pelops Myrtilos mit einem Tritt aus dem Wagen, und Myrtilos ertrank im Meer. Aus war es mit der Hochzeitsnacht für Myrtilos.
Nun war Myrtilos nicht gerade irgendwer, sondern der Sohn des Gottes Hermes, der, bevor er ertrank, den Pelops und seine Nachkommen von ganzem Herzen verfluchte. Und da tat Pelops gut daran, sich die Götter günstig zu stimmen.
Zu diesem Zweck gründete er die Olympischen Spiele. Er ließ im Stadion eine Säule zur Erinnerung an Myrtilos errichten. Was alles nichts half, der Fluch des Göttersohnes war halt stärker. Aber wir werden sehen.
Natürlich trat er auch das Erbe seines Schwiegervaters an und vergrößerte dessen Reich so, dass es schließlich die ganze »Insel« umfasste, den ganzen heutigen Peloponnes, der daraufhin seinen Namen erhielt.
Das ist die kurz gefasst Geschichte, warum der Peloponnes Peloponnes heißt bis heute.

Wir haben in Athen einen Wagen gemietet – einen ganz gewöhnlichen japanischen – und sind jetzt auf der Schnellstraße nach Norden unterwegs, vorbei an Eleusis mit seinem Industriekomplex. Nach 80 km der Isthmus. Wir fahren über die Straßenbrücke des Kanals, halten auf der gegenüberliegenden Seite am großen Rasthaus mit dem Supermarkt an, essen, wie es sich hier gehört, eine Portion Souvlaki (auf dem Grill gebratene Fleischspießchen) aus der Hand, trinken etwas und gehen dann zurück auf die Brücke, um hinunterzuschauen in den Kanal.
Schnurgerade ist er, oder besser, wie mit dem Messer aus dem Land geschnitten. Seine bis 76 Meter hohen Wände sind leicht geneigt wegen der Festigkeit. Aber auch so sieht man da und dort Stellen, wo Teile der Kanalwand heruntergerutscht sind und als Schutthaufen im Kanal liegen. Die Kanalwände sehen aus wie Blätterteig, viele Schichten liegen übereinander.
5,6 km ist der Kanal lang, an der Kanaloberfläche 25 Meter breit und 8 Meter tief. Zu schmal für

moderne große Schiffe und zu wenig tief. Kann man ihn benutzen, spart man 100 Seemeilen rund um den Peloponnes herum. Das war früh bekannt, und die ersten Überlegungen für einen Kanal stammen aus dem 6. Jahrhundert v. Chr.
Als man ihn um 300 v. Chr. bauen wollte, warnten Experten, der Meeresspiegel sei unterschiedlich hoch, und ein Kanal wäre daher ein reißender Fluss. Die Römer haben sich nicht schrecken lassen. Für sie wäre ein Kanal ein strategischer Vorteil gewesen. Der berühmtberüchtigte Kaiser Nero machte schließlich Ernst, tat den ersten Spatenstich und stellte seinen Ingenieuren 6000 jüdische Arbeitssklaven zur Verfügung. Nach anfänglichen Fortschritten musste die Sache aus politischen Gründen aufgegeben werden. Dann dauerte es bis 1881. Mit modernen Hilfsmitteln war es dann möglich, in acht Jahren den Kanal zu bauen.
Aber auch ohne Kanal hat man sich schon in der Antike zu behelfen gewusst. Zunächst einmal transportierte man die Waren von der einen Seite des Isthmus einfach auf die andere. Die Reisenden ließ man zu Fuß hinüber gehen. Schließlich sind es nur 6 km. Dann wurde für kleinere Schiffe eine Schleppbahn gebaut. Sie wurden von einem Meer zum anderen über das Land gezogen. Ein paar hundert Meter von der Straßenbrücke entfernt gibt es eine Eisenbahnbrücke. Die beiden Brücken sind die Nabelschnüre des Peloponnes.
Ja, man kann auch mit der Eisenbahn zum Peloponnes fahren. Mit einer Schmalspurbahn!
Es gibt sogar eine tägliche Flugverbindung von Athen zum Peloponnes. Angeflogen wird Kalamata ganz im Süden. Der Peloponnes ist so groß wie Hessen, dreimal so groß wie Kreta, etwas kleiner als Sizilien.
Von Nord nach Süd sind es an der längsten Stelle 245 km, von Ost nach West 255 km.
Der Peloponnes ist also recht großräumig, und seine Sehenswürdigkeiten sind weit verteilt. Da muss man beweglich sein um das Land zu sehen und kennen zu lernen. Da helfen Eisenbahn und Flugzeug wenig, wenn man nicht gerade zu deren Stationen will. Der Bus ist eine Möglichkeit. Mit ihm kommt man überall hin. Aber man braucht Zeit. Das Beste ist der Leihwagen, vor allem, wenn man nicht unbeschränkt Zeit hat.
Das Zweitbeste, den eigenen Wagen mitbringen. Es ist halt nur ein wenig weit von Gaggenau bis nach Olympia.

An Korinth fährt man leicht vorbei. Vielleicht, weil man es eilig hat, an diesem Tag noch Olympia zu erreichen, oder weil man noch über Epidauros nach Nauplion kommen will. Dabei würde es sich lohnen, von Korinth aus Altkorinth zu besuchen, mit seinem Museum, seinen Tempelresten und der Glaukequelle, seinem antiken Markt und seinem Theater und natürlich Akrokorinth mit dem, was vom berühmten Aphroditetempel übrig geblieben ist. Die Göttin der Liebe wurde hier in der Form der orientalischen Fruchtbarkeitsgöttin Astarte verehrt, was sakrale Prostitution bedeutete. In der Blütezeit des Kultes waren hier 1000 Damen zu Ehren der Göttin und zum Wohl der Pilger tätig.

Ein kleiner Laden: Lebensmittel. In einer Kiste wunderschöne winzige Korinthen. »Signomi Kirie«, sage ich zu dem Ladenbesitzer.
»Entschuldigen Sie, mein Herr, diese *stafides korinthiakes*, diese Korinthen, sind sie tatsächlich von hier, aus Korinth?«
»Ja«, sagt er. »Hier und überall an der Nord- und Westküste des Peloponnes werden sie angebaut.«
Dann erfahre ich, dass Korinthen von einem Weinstock stammen, der eine Varietät des normalen Weinstockes ist. Die getrockneten blauschwarzen

Beeren sind klein, ohne Kerne und sehr süß. Der Korinthenstock verlangt einen fruchtbaren, nicht zu trockenen Boden, der das Wasser halten kann, und er verlangt Wärme und eine sehr arbeitsaufwändige Pflege. Arbeitsaufwändig ist das Umgraben des Bodens im März und April, dabei muss rund um den Stock eine Vertiefung angelegt werden, die das Wasser sammelt. Arbeitsaufwändig ist das Beschneiden der Stöcke und braucht viel Sachverstand. Arbeitsaufwändig ist schließlich die Ernte der winzigen Früchte im September und Oktober. Getrocknet werden sie im Freien. »Der Anbau geht zurück«, fügt er bitter hinzu. »In Europa kaufen die Leute Korinthen von anderswo. Griechenland muss Korinthen vernichten, um den Preis zu halten. 1986 waren es 50.000 Tonnen, die einfach weggeschüttet wurden«
Kritische Gedanken in Sachen EU.
Weiter nach Nordwesten auf der Schnellstraße, Patras zu, zwischen Berg und Meer. Küstenhöfe nennt der Geograph die mehr oder weniger breiten Ebenen, durch die wir fahren. Es ist fruchtbare Erde, landwirtschaftlich genutzt: Reben, vor allem Korinthen, Apfelsinen, Gemüse und an den Hängen des Vorgebirges Olivenbäume. Bis zu 2370 m steigt das Gebirge dahinter an, hier im Norden des Peloponnes.

An diese Hochgebirgskette schließt sich nach Süden hin das eigentliche Kernland des Peloponnes an: Arkadien. Es ist eine raue Hochfläche, die in Nordsüdrichtung von Bergrücken durchzogen wird.
Arkadien ist im Norden 2000 Meter hoch und senkt sich nach Süden zu immer mehr ab. Das zentrale Gebirge ist der Taygetos mit 2400 Metern. Auch er zieht sich von Nord nach Süd. Um dieses Zentralland herum liegen die übrigen Landschaften des Peloponnes jeweils zur Küste hin orientiert. Schon in der Antike lagen ihre zentralen Orte am Meer. Diese Landschaften sind im Uhrzeigersinn Korinth, Argolis, Lakonien, Messenien, Elis, Achaia.
In der Antike lag im Mittelpunkt der Stadtstaat Sparta, der sich mit Athen um die Vorherrschaft in Griechenland stritt.
Das moderne Zentrum des Peloponnes ist Patras. Man ist geneigt, Patras eine bescheidene Stadt zu nennen. Sie hat keine besonderen Sehenswürdigkeiten und spielte in der Geschichte keine besondere Rolle.
Seine große Stunde hatte Patras 1821, als es eine entscheidende Rolle bei der Befreiung Griechenlands spielte. Heute ist Patras die drittgrößte Stadt Griechenlands mit einer Universität und einem wichtigen Hafen. Nach Patras fahren die Fähren aus Italien, die den Anschluss Griechenlands an die Wirtschaft Europas ermöglichen, auch in Zeiten unsicherer Verhältnisse auf dem Balkan. Wer mit dem eigenen Wagen nach Griechenland fährt, wird wahrscheinlich in Patras an Land gehen. Patras hat Industrie, so zum Beispiel Textilindustrie, und in Patras hat auch die bekannte Weinkellerei Achaia Clauss ihren Sitz. Gegründet wurde sie durch einen bayerischen Winzer namens Gustav Clauss, der im Gefolge des bayerischen Königs Otto nach Griechenland kam und Weinberge nach deutschem Muster anlegte. Er war es auch, der Riesling-, Sylvaner- und Muskatreben nach Griechenland brachte und die heimischen Reben mit ihrem bescheidenen Ertrag ersetzte. Seine Weine waren die ersten Spitzenweine in Griechenland und sind es über ein Jahrhundert hinweg geblieben. Auch nachdem 1920 das Weingut in den Besitz einer griechischen Familie überging. Achaia Clauss ist, vor allem bei deutschen Touristen mit seinen nichtgeharzten »Demestika«-Weinen bekannt.

Weiter nach Westen. Die Küstenebene wird breiter. Apfelsinen, Reben, Gemüse. Und dann zweigen wir nach Olympia ab. Sanfte Hügel, Bäume. In der Reiseliteratur ist davon die Rede, diese Landschaft sei lieblich. Für den Mitteleuropäer hat sie vor allem eins: Schatten. Das ist in der Hitze eines griechischen Mittags viel wert. Zum Lösen der Eintrittskarten stehen wir an, kaufen einen Führer und dann gehen wir über die alte Trainingslaufbahn hinein in das Ausgrabungsgelände. Der Alpheios-Fluss hatte im Laufe der Jahrhunderte das ganze Olympia zugeschwemmt. Die ersten Ausgrabungen machten französische Soldaten, die 1829 die griechische Befreiung unterstützten. Richtig ausgegraben wurde und wird Olympia vom Deutschen Archäologischen Institut. Vier Meter dickes Schwemmland war abzutragen, damit Olympia wieder zutage trat.

Ich habe ein paar Lieblingsplätze in Olympia. Den Heratempel zum Beispiel, von dem es heißt, er wäre der älteste Tempel überhaupt. In ihm hätte man bei den Olympischen Spielen der Antike die

Wanderweg in der Argolis

Lorbeerkränze ausgestellt, ehe sie den Siegern aufs Haupt gesetzt wurden.
Bei den Olympischen Spielen der Neuzeit zünden junge Mädchen in diesem Heiligtum der Göttermutter das Olympische Feuer mit einem Brennspiegel an, der die göttliche Flamme der Sonne auf eine Fackel konzentriert, und von hier wird sie dann hinausgetragen zum jeweiligen Austragungsort der Spiele. Nicht ohne natürlich für bestimmte Strecken das Flugzeug zu benutzen.
Ich mag das große Stadion, das einmal 45.000 Zuschauer fasste. Männer, versteht sich, Buben und junge Mädchen. Frauen waren zu den Spielen auch als Zuschauer nicht zugelassen.
Schön ist dieses Stadion und verglichen mit den Stadien der Moderne so schlicht und war doch heiliger Boden.
Aber der liebste Platz ist mir der Zeustempel, von dem ich immer denke, man könnte ihn ohne besondere Mühe wieder aufstellen. Die Säulen sind einfach umgefallen. Die Säulentrommeln liegen genauso wie sie aufeinander standen, ehe das große Erdbeben den Tempel zerstört hat.
Die Nachmittagssonne fällt schräg durch den Hain von Aleppokiefern, Zypressen, Steineichen, Feigen. Die Blumen duften und ich spüre den Gott, so wie ich ihn in Delphi spüre, wenn ich allein sein kann im Apollonheiligtum. Ich spüre, er ist da. Ich habe einmal einen meiner griechischen Freunde gefragt, einen Theologieprofessor, wie das denn sei mit dem Gott, dem heidnischen Gott. Er erklärt mir, dass die Götter der Antike göttliche Kräfte waren. Apollon zum Beispiel, der Gott der Ordnung und Gesittung, der Kunst, der Dichtung, der Musik. Kräfte des einen großen Gottes. Wenn man an bestimmten Orten diese Kräfte spüre, dann stünde das im Einklang mit christlichem Glauben.
In Olympia ist es Zeus, der präsent ist, der allbeherrschende Vater der Götter, der die Welt in ihren Grundfesten zusammenhält. Alle vier Jahre zogen von hier die Herolde in alle Teile der griechischen Welt, um den Gottesfrieden auszurufen und zu den Spielen, die Gottesdienst waren, zu Ehren des Zeus, einzuladen. Und sie kamen aus allen Teilen des Mittelmeers. Die Griechen, die in Spanien Kolonien hatten, in Südfrankreich, in Süditalien, in Nordafrika, in Kleinasien, am Schwarzen Meer. Olympia, das war der wichtigste Ort griechischer Identität. Natürlich wurde hier auch Politik gemacht, natürlich trafen sich hier Philosophen, Dichter und Schriftsteller.
In einem Kochbuch muss man auch auf dieses hinweisen, der Preis für die Sieger bei den Wettbewerben war der Lorbeerkranz und ein festliches Essen in einem Gebäude, das Prytaneion heißt.
Wir fahren das Alpheiostal hinauf nach Hocharkadien. Die Landschaft wird immer mehr »mitteleuropäisch». Die Pinien weichen Tannen, die Steppengewächse weichen Bergwiesen. Man fühlt sich in die Alpen versetzt, in den Schwarzwald. Kilometerlang führt die Straße durch Tannenwald: ganz ungriechisches Griechenland. Eine Frage des Klimas. An der Westseite der Gebirge fallen Niederschläge. 20 km weiter beginnen dann die Farben Griechenlands. Das Braun, der Ocker, das Gelb. Landschaft der Dürre. Nur an wenigen Punkten von Grün durchbrochen.
Wir fahren hinunter durch die Beckenlandschaft, wo Sparta liegt. Sparta, das ist heute ein Städtchen, im 19. Jahrhundert von den Architekten des Bayern Otto am Reißbrett geplant.
Das antike Sparta nicht weit davon entfernt: Ruinen ohne Höhepunkt. Sparta, das war eine reine Männergesellschaft. Krieg war ihr Daseinszweck. Kultur spielte eine untergeordnete Rolle. Das Essen wurde gemeinsam eingenommen: Blutsuppe, Bohnen.
Als wir in die Ebene von Sparta kommen, liegt auf dem Taygetosgebirge noch Schnee, leuchtet im

tiefblauen Himmel: die Farben Griechenlands und Bayerns (der erste König der griechischen Neuzeit war Bayer: Otto I.). In der Ebene blühen Apfelsinenbäume, tragen gleichzeitig reife Früchte, goldene Kugeln. Die weißen Blüten duften unbeschreiblich süß. Welch ein Kontrast. Griechenland. Ein paar Kilometer weiter, auf einem Vorberg des Taygetos gelegen, ein Kleinod besonderer Art, das was von der Stadt Mistras übrig geblieben ist. Ein fränkischer Baron hat sie gegründet, im 13. Jahrhundert. Sein Name war Guillaume de Villehardouin. Wieso, werden Sie fragen, ein fränkischer Baron? Nun, da gibt es etwas in der Geschichte, was in unseren Geschichtsbüchern gern schnell übergangen wird: Im Jahre 1204 haben Kreuzritter, die ja ausgezogen waren, das Heilige Land aus der Hand der Heiden, der Sarazenen, zu befreien, unterwegs das christliche oströmische Reich, speziell seine Hauptstadt Konstantinopel, überfallen, geplündert und das Land, nämlich Griechenland, unter sich aufgeteilt. Das war bedeutend einfacher, als sich mit Sarazenen im unwirtlichen Palästina herumzuschlagen. Ein Blick in die Mittelalterabteilung unserer Museen und in die Kirchenschätze unserer Kathedralen zeigt, was damals alles zusammengestohlen wurde. Aber reden wir nicht von dieser beschämenden Sache für das Abendland und die christliche Kirche, sondern vom Baron Villehardouin.

Er baute sich auf den Felsen von Mistra eine Burg und wahrscheinlich entstand gleichzeitig im Schutz dieser Burg eine fränkische Stadt. Das war 1249. Es dauerte keine zehn Jahre, da hatte sich das oströmische Reich wieder erholt und jagte die fränkischen Herren aus dem Land. Das schöne Mistra wurde zum Sitz des byzantinischen, das heißt oströmischen Statthalters. Nun entstanden Kirchen und Klöster und Paläste, Herrenhäuser und natürlich Häuser der Bürger. Mistra wurde immer bedeutender. Seine Statthalter waren Mitglieder des kaiserlichen Hofes in Konstantinopel. Die Seidenraupenzucht und die damit verbundene Seidenindustrie machte Mistra reich. Es war ein wirtschaftlicher und geistiger Mittelpunkt Ostroms vor dessen Ende.

Gelehrte versammelten sich hier ebenso wie Kunshandwerker und Maler. Als 1449 die Türken Konstantinopel schon bedrohten, wurde der letzte Kaiser von Byzanz in Mistra gekrönt. Sieben Jahre überlebte das glänzende Mistra die Eroberung Konstantinopels 1453 und damit das Ende des oströmischen Reiches. Dann kam es in türkische Hand und sein Ende begann. Von all dem kann man träumen, wenn man durch Mistra geht, die erhaltenen Kirchen besucht mit ihren wunderschönen Fresken, in denen sich bereits der Einfluss des Westens zeigt, und die Klöster, die zum Teil bis heute überleben. Ein Besuch in Mistra ist wie ein Besuch in einer vergangenen wunderschönen Zeit. Man kann sich in den Straßen die Damen in den Seidengewändern, die prachtvollen Roben der Herren vorstellen, die Musik und das Wohlleben einer untergehenden Gesellschaft. Die wichtigste Lehre von Mistra aber ist: Griechenland, das ist nicht nur die Antike, das ist nicht nur Olympia, das sind nicht nur marmorne Tempel und marmorne Götter, Griechenland, das ist auch das Reich von Byzanz, Ostrom, das fast auf den Tag tausend Jahre existiert hat, gegründet von einem, der in unserer Heimat seine erste Hauptstadt hatte, in Trier – Konstantin der Große.

Durch den sinkenden Abend fahren wir weiter nach Osten, überqueren ein, zwei, drei Höhenrücken. Die Straße geht in weiten Serpentinen hinauf, über einen Pass und wieder hinunter.

Geröll, Steine, Felsen rechts und links der Straße, seltene Büsche, ein wenig Grün, Ziegenherden, Schafe, die kreisrunden Gehege für die Herden aus stacheligem Gebüsch mit Wellblech als Schutz gegen das Wetter, die armselige Hütte des Hirten.

Eingang zum antiken Stadion in Olympia

Sie haben eine eigene Kultur, diese Hirten. Auch ihre Küche hat ihre Besonderheiten: Fleisch, Joghurt, Käse. Brot und Gemüse kosten Geld. Und der Wein. Ein letzter Pass. Lau weht der Wind. Es wird Abend. Auf der Passhöhe ein Touristenrestaurant und dann fahren wir hinunter an den Golf von Nauplion in die weite Ebene, in der Mykene liegt und Tiryns. Die beiden Burgen aus sagenhafter Zeit, die der Deutsche Schliemann ausgegraben hat, der vom Schatz des Agamemnon träumte und ihn dann auch fand. Agamemnon, das war einer der Könige, der mit hundert Schiffen in den Trojanischen Krieg zog und der die eigene Tochter Iphigenie den Göttern für günstigen Wind opferte. Nach zehn Jahren kehrte er zurück und brachte seine im Krieg erbeutete Konkubine, die Seherin Kassandra, mit. Ihre düsteren Prophezeiungen glaubte keiner, am wenigsten Agamemnon. Er wurde von seiner Frau Klytämnestra und deren Liebhaber ermordet. Der Sohn Agamemnons, Orest, rächte seinen Vater, indem er seine Mutter und ihren Liebhaber umbrachte. Die ganze furchtbare Geschichte, die seit mehr als 2000 Jahren Tragödiendichtern und Schriftstellern Stoff liefert, zum Beispiel Goethe, war übrigens eine Folge des Fluches, den jener Myrtilos gegen Pelops aussprach. Sie alle waren Nachkommen des Pelops.

Trostlos ist das Land rund um Mykene. Kein Baum. Dürre und Trockenheit. Welcher Kontrast zu Olympia.
Und dann erreichen wir Nauplion, ein kleines Städtchen mit einem natürlichen Hafen. Der eindrucksvollste Ort der Stadt Nauplion ist für mich der Syntagmaplatz. Syntagma, das heißt Verfas-

sung. Er ist mit großen Marmorplatten belegt, die von den vielen Füßen glänzend poliert sind. Wenn ich sie sehe, fällt mir Dubrovnik ein und seine Prachtstraße, die genauso glänzt. An der Westseite liegt das Museum. 1713 als Magazin und Kaserne der venezianischen Flotte errichtet. Der Löwe von St. Markus verkündet dies unübersehbar. Gegenüber, auf der anderen Seite des Syntagmaplatzes steht eine alte türkische Moschee. Heute als Kino missbraucht. Neben dem archäologischen Museum steht eine weitere Moschee. Sie diente von 1825 bis 1828 als griechisches Parlament. Und damit hat man die Hauptfakten der Geschichte Nauplions beieinander. Die Stadt hat abwechslungsweise den Türken und den Venezianern gehört. Bei den Venezianern hieß sie Napoli di Romania, bei den Türken hieß sie zeitweilig Anapli. Für die Venezianer war sie mit ihren Palästen der glänzendste Besitz in der Levante. Schwer befestigt wurde sie sowohl von den Türken wie von den Venezianern. Davon kündet sowohl die Festung Akronauplia über der Altstadt als auch die Festung Palamidi, so hoch und so steil über der Stadt gelegen, dass es einem unmöglich erscheint, dass sie je erobert werden konnten. Und sie wurden es doch!

In der Bucht vor der Stadt liegt wie ein Stein gewordenes Schiff die kleine Festungsinsel Bourzi.

Aber zurück zum Syntagmaplatz. Da ist ja noch die Moschee, die griechisches Parlament war. 1823 wurde Nauplion Sitz der griechischen Revolutionsregierung und ab 1828 regierte hier der erste griechische Ministerpräsident Kapodistrias, der 1831 im Zug der Streitigkeiten der griechischen Revolutionäre in Nauplion ermordet wurde. 1832 fand in Nauplion eine Nationalversammlung statt, und sie wählte den bayerischen Prinzen Otto zum ersten König von Griechenland. Zwei Jahre lang, bis 1834, regierte Otto dann von Nauplion aus das Land. Dann besann er sich auf die Tradition und verlegte den Regierungssitz nach Athen. 1862 ging von Nauplion der Aufstand gegen König Otto aus, der zu seiner Absetzung führte. Die Griechen hatten von ihm und seiner bayrischen Regierung genug. Ein dänischer Prinz wurde sein Nachfolger.

Man sagt, Fisch müsse man in Griechenland am Meer essen, und das tue ich in Nauplion besonders gern an der Strandpromenade, wo es vor allem herrliche Langusten gibt. Auch sonst ist die Küche interessant. Die Türken haben Orientalisches hinterlassen, die Venezianer Italienisches, wie überall auf dem Peloponnes. Das Salmi genannte Fleischgericht mit seinem Wein und seinem Zimt ist ein typisches Beispiel dafür. Die letzte Station unserer Reise durch den Peloponnes führt in die Argolis, zum besterhaltenen Theater der griechischen Welt. Erbaut wurde es im 3. Jh. v. Chr. Es fasst 12.000 Zuschauer. Seine Akustik ist berühmt. Selbst in der obersten Reihe, 22 Meter über der Orchestra, versteht man jedes geflüsterte Wort. Es ist ein besonderes Erlebnis, in Epidauros die Aufführung eines der aus der Antike übernommenen Theaterstücke, »Agamemnon« zum Beispiel, zu sehen.

Wir sind auf die Insel Spetses eingeladen zu einer Hochzeit. Spetses ist eine der Inseln, die vor den Halbinseln liegen, mit denen sich der Peloponnes ins Meer verabschiedet.

Wir parken unsere Autos. Nach Spetses fahren wir mit jenem modernen Verkehrsmittel, das die Entfernungen in der griechischen See so verkürzt hat: mit dem Flying Dolphin, einem Tragflügelboot.

Nach ein paar Minuten haben wir Spetses erreicht und gehen an Land.

Auf der Mole steht der Brautvater mit den Männern seiner Familie. Sie erwarten den Bräutigam.

Der kommt mit seiner Familie vom Festland herübergetuckert: Ein ganzes dieselmotorgetriebenes Kaiki mit fröhlichen Hochzeitsgästen, geschmückt mit Bändern und Blumen. Zwei Musikanten treten in Tätigkeit, eine Geige und eine Laute bilden die Spitze des Zuges, den Brautvater und Bräutigam anführen. Es geht hinauf zum Haus des Brautvaters. Dort wartet indes die Braut. Mit zwei kleinen Mädchen, die die Schleppe tragen werden, sitzt sie im Empfangsraum des Hauses auf einem Sofa.

Die weiblichen Mitglieder der Familie umgeben sie und der Kumparos ist bei ihr, der Trauzeuge, der Brautführer. Auf einem Kerzenständer steht die Brautkerze.

Der Zug mit dem Bräutigam kommt an. Die Mutter der Braut reicht ihm auf halber Höhe der Außentreppe eine Süßigkeit. Eintreten darf er nicht, noch nicht. Die Braut erscheint unter der Haustür, bejubelt von den Hochzeitsgästen. Junge und alte Männer mit Gewehren schießen Salut. Ohne den Bräutigam zu beachten, geht die Braut mit ihrem Kumparos vorbei. Nur ein klein wenig aus den Augenwinkeln schaut sie zu ihm hin. Dann formiert sich der Zug neu. Wieder angeführt von den Musikanten. Die Braut und ihre Verwandten, der Bräutigam mit den seinen. So geht es zur Kirche. An der Kirche das Spiel: wer geht auf wen zu? Die Braut auf den Bräutigam? Der Bräutigam auf die Braut? Der Pfarrer führt die beiden in die Kirche. Dann werden sie einander verlobt. Dann werden sie mit den Brautkronen gekrönt. Märtyrerkronen. Die orthodoxe Kirche setzt das Eheleben dem Martyrium gleich. Der Mensch hat sich in der Gemeinschaft der Ehe, der Familie, zu bewähren, sein Lebensziel zu erreichen. Aus einem Glas trinken sie Wein. Der Priester führt sie im rituellen Reigen um den Zeremonientisch (nicht den Altar, denn den Altarraum darf keine Frau betreten). Und dann sind sie verheiratet, und die Hochzeitsgäste werfen Reiskörner und Zuckermandeln.

Der kirchliche Teil der Hochzeitsfeier ist vorbei, der weltliche folgt: das Essen, der Tanz. Wie es heute bei Hochzeiten üblich ist, gibt es ein Buffet mit den Herrlichkeiten der griechischen Küche. Die Hochzeitsgäste stellen sich an, bedienen sich selbst. Vorspeisen, Salate, die Hauptspeise. Traditionelle Mezedes, aber verfeinert. Da gibt es mit Hackfleisch gefüllte Auberginenröllchen, Orangen mit Pate gefüllt, Seezungen in Gelee, Muscheln mit Reis, Spinatröllchen, Paprika mit Käse, mit Fleisch gefüllte Zwetschgen, Artischocken mit Krabben, Gemüse mit verschiedenen Saucen, Tzatziki natürlich, Chtipiti, die scharfe Käsecreme, gefüllte und panierte Hähnchenteile, gebratenes und gesottenes Fleisch vom Schaf, vom Rind, vom Schwein, Pilafi, ein Reisgericht, Pastitio, ein Makkaroniauflauf, gratinierte Kartoffeln, Platten mit Käse: Kasseri, ein parmesanähnlicher Hartkäse, Graviera, eine Art Gruyère, Kefalotiri, der dem Emmentaler ähnelt, und Misithra, ein feiner Weißkäse. Körbe mit Früchten. Fruchtsalate.

Und dann ist es soweit. Die Hochzeitstorte wird hereingeschoben. Mehrstöckig. Braut und Bräutigam schneiden sie an. Junge Mädchen der Familie verteilen die Stücke. Dann werden die Sektflaschen geöffnet. Die Gesellschaft stößt auf das Brautpaar an, das nun von Tisch zu Tisch geht, um mit den Gästen zu reden und Glückwünsche entgegenzunehmen. Dann tanzen sie den Sirtos, die Braut und der Bräutigam, den uralten Tanz. Und dann tanzt die ganze Gesellschaft die, alten Tänze. Bouzoukiatmosphäre! Alte und neue Lieder werden gesungen. Das Fest dauert bis in die Nacht.

Wir gehen in unser Hotel. Es war ein wunderschönes Fest.

Unsere Reise durch den Peloponnes ist zu Ende.

Den Schluss unserer kleinen Griechenlandreise sollen einige Anmerkungen zur griechischen Küche und zum Essen in Griechenland ganz allgemein bilden. Ein eigenartiges Phänomen ist: Griechische Kochbücher, die es zunehmend auch in deutscher Sprache gibt, enthalten eine Vielzahl von wohl schmeckenden Speisen, die ohne großes Problem und mit den Zutaten des deutschen Marktes gekocht werden können. Nimmt man Kochbücher in griechischer Sprache noch dazu – es gibt zum Beispiel eine Sammlung von 17.000 Hausfrauenrezepten –, so scheint die griechische Küche eine reiche, fantasievolle, überaus schmackhafte, mit Nuancen ausgestattete Küche zu sein. Und doch. Demgegenüber steht das Angebot der Speiselokale sowohl in Griechenland als auch in Deutschland, das beschränkt einfach und von wenig Fantasie beflügelt erscheint. Um die griechische Küche kennen zu lernen, muss man in griechischen Familien essen. Nur dort ist die griechische Küche wirklich hervorragend. Hinzu kommt, dass auch nur in den Familien eine entsprechende Kultur des Anrichtens und Servierens, des Essens und des Trinkens überhaupt geboten ist.

Ich frage mich, woher diese Diskrepanz kommt. Ich vermute, dass die noch immer weithin intakte soziale Struktur Griechenlands das Essen in der Familie als die naturgegebene Regel ansieht.

In kleinen abgelegenen Dörfern findet der Tourist demgemäß heute noch keine Möglichkeit zum Essen. Da gibt es zwar das Kafenion, das traditionelle Kaffeehaus der Männer, aber kein Gasthaus mit einem Speiseangebot. Das Aufkommen von Speiselokalen ist eine direkte Folge des Tourismus bzw. der auch in Griechenland zunehmend notwendigen Mobilität.

Dabei sind zwei Trends zu beobachten: Einmal der Versuch, die nationale Eigenart zu verstecken und sich westlich zu orientieren bzw. den Erwartungen der westlichen Touristen entgegenzukommen (Schnitzel und Pommes frites, Apfelstrudel, Würstel mit Kraut).

Das Zweite ist: Gerade bei der Vielfalt der griechischen Küche ist die Gastronomie darauf angewiesen, möglichst Bekanntes dem ausländischen Gast anzubieten (Tzatziki, Bauernsalat, Souvlaki, Mussaka).

Beide Tendenzen haben zu dem erwähnten Verlust an Vielfalt geführt.

Aber da ist noch etwas anderes. Das ist die andere Art zu essen. Da ist zunächst einmal die Essenszeit. In Griechenland gibt es das, was wir Frühstück nennen, nicht. Der normale Grieche nimmt morgens ein Tässchen griechischen Kaffee zu sich, kauft sich auf dem Weg zur Arbeit einen Koulouri, einen Sesamkringel, und das ist für den Morgen alles. Um die Mittagszeit isst er eine Kleinigkeit, zum Beispiel ein Stück Spinat- oder Käsepita. Gegen 15.00 Uhr ist seine Arbeitszeit, die im Sommer um 7.00 Uhr beginnt, beendet, dann geht er heim und legt sich (es ist ja heiß) für zwei oder drei Stunden zum Mittagsschlaf. Ein warmes Essen nimmt er zwischen 17.00 und 18.00 Uhr zu sich. Und dann folgt nach 22.00 Uhr das Abendessen, das ebenfalls warm ist. Etwa zwischen 0 Uhr und 1 Uhr geht er schlafen, um die kühlen Stunden der Nacht zu nutzen.

Vor dem Essen oder auch einfach zwischendurch nimmt der Grieche einen Ouzo, einen Anisschnaps, der entweder auf Eis oder meistens mit Eiswasser getrunken wird. Er entspricht etwa dem »Riccard« oder dem »Pernot« der Franzosen. Niemals wird ein Ouzo getrunken, ohne etwas dazu zu essen. Das Minimum sind Oliven oder Nüsse.

Meistens jedoch wird das dazu gegessen, was Mezedes heißt. Das sind kleine Speisen, die »me«,

d. h. »mit« dem Ouzo gegessen werden. Und was die Mezedes betrifft, ist die griechische Küche ganz reich. Das fängt an mit Tzatziki, der Joghurtcreme mit Knoblauch, und geht über Hackfleischbällchen, gebratene Auberginen bis hin zu Scampi und Ähnlichem.

Mezedes gehören aber auch zu jedem Essen, werden dann als Vorspeise genommen. Hauptspeisen können Fleisch sein, müssen es aber nicht, wie ja überhaupt die Mittelmeerküche aus verhältnismäßig wenig Fleisch besteht. Eine große Rolle spielt Gemüse in unterschiedlicher Zubereitungsart. Auch Fisch kommt regelmäßig auf den griechischen Tisch. Neben dem sehr teuren Seefisch spielen Tintenfische und andere Meeresfrüchte eine wichtige Rolle.

Griechen lieben Süßigkeiten. Die Desserts sind für unseren Gaumen oft zu süß, zum Beispiel mit Sirup getränktes Schmalzgebackenes. Was unbedingt zu jedem Essen gehört, ist Obst. Durchschnittlich isst jeder Grieche 6 kg Obst pro Woche. Meist Orangen, Trauben oder Äpfel.

Der Grieche liebt einen vollen Tisch und die Vielfalt der Speisen. Sie sind für ihn Ausdruck seines Lebensgefühls. Also kommen die einzelnen Gerichte nicht nacheinander, sondern gleichzeitig auf den Tisch. Auch die Menge des Aufgetragenen sollte das Gefühl des reichlichen Angebots vermitteln. Bestimmte Gerichte werden in verhältnismäßig großer Menge gekocht um Vorrat für mehrere Mahlzeiten zu haben, Tzatziki z. B. und die wunderbaren cremeartigen Salate aus Fischrogen und Auberginen (Taramasalata und Melisanasalata).

Wein wird grundsätzlich nur zum Essen getrunken. Das Getränk zwischendurch ist Ouzo oder sein bäuerlicher Bruder, der Ziporo, der auf Kreta Sikoudia heißt und auf Zypern Syvania. Alle miteinander Tresterschnäpse, die mit Anis abgezogen werden. Der Ziporo der Klöster kann auch mit Zwiebeln abgezogen sein, was ihn sehr bekömmlich macht. Der traditionelle griechische Wein ist der Retsina. Er ist geharzt d. h. ihm wird Pinienharz zugesetzt, um ihn haltbar zu machen. Das Harz macht aber den Wein auch bekömmlich. Viele – ich zum Beispiel – lieben den eigenartigen Geschmack von Retsina.

Es gibt aber auch ungeharzte exzellente Weine, sowohl rot als weiß. Leider schmecken nicht alle auch daheim gut, wenn man sie im Gepäck mitnimmt. Das ist aber auch nicht notwendig, denn im Zeitalter der EU führt jeder Getränkehändler auch griechischen Wein, zum Beispiel den wunderbaren Rotwein aus Naoussa oder den weißen Agioritiko, im Bocksbeutel, vom Berg Athos. Noch ein letzter Tipp zum Kaffeetrinken: Griechischen Kaffee gibts in drei Formen je nach Süße: glyko, sehr süß, medrio, für uns normal, sketo, bitter. Das muss man beim Bestellen sagen. Und wenn man keinen griechischen Kaffee mag? (Sie Armer!) Dann bestellen Sie sich einfach einen Nescafé oder einen Kaffee galliko!

Venezien

Von Werner O. Feißt

Ich weiß nicht, was ich erwartet hatte. Kathrin hatte mir so viel von dieser Landschaft erzählt und mich neugierig gemacht.
Jetzt waren wir da, und ich war enttäuscht. Und dann habe ich den Fehler gemacht und habe es auch noch gesagt: »Dieses Veneto spricht mich überhaupt nicht an.« Jetzt war es an Kathrin, enttäuscht zu sein. Sie hatte mir etwas zeigen wollen, was ihr am Herzen lag, und ich goss kaltes Wasser auf ihre Liebe. Wie begeistert hatte sie auf unserer Fahrt von ihrem Veneto gesprochen: »Kennst du das auch, du kommst in eine Gegend, weißt ganz genau, da warst du noch nie, und trotzdem ist dir die Landschaft vertraut. So ging es mir, als ich die Euganeischen Hügel zum ersten Mal sah. Sie traten aus dem Dunst der Poebene hervor. Wie hingehaucht erschienen sie mir. Irgendwie unwirklich, in graugetönten Pastellfarben, wie von einem Impressionisten gemalt.
Es hat eine Zeit gedauert, bis ich herausfand, woher diese Vertrautheit kam. Da war die Stimme meiner Großmutter, die mir die Geschichte von Adam und Eva vorlas. Da war es auch jenes Bild aus der Kinderbibel, der Garten Eden, Bäume, Blumen, Tiere in einer hügeligen Landschaft. Natürlich waren Adam und Eva und die Schlange nicht da. Aber ihre Nachkommen pflügten die Äcker mit Motorengeknatter und Gestank der Traktoren und nicht im Schweiß ihres Angesichts. Trotzdem war es mir, als wäre ich im lebendig gewordenen Bibelbild erwacht.« Und ich habe zu Kathrin gesagt: »Dieses Veneto spricht mich überhaupt nicht an.«

◀ *Wenn es Nacht wird über Venedig, wird die Lagunenstadt zum Märchentraum*

Wir hatten Kathrin abgeholt und kamen auf der Autostrada, der Autobahn, vom Tessin. Es ging die endlose Straße entlang, vorbei an Mailand, Bergamo, Brescia, dem Gardasee und Verona. Dann verließen wir die Autostrada und fuhren übers Land: Armes, zersiedeltes Land.
Ich hatte mit Weite gerechnet, wenigstens mit der scheinbaren Weite der oberrheinischen Tiefebene. Aber die Häuser und Fabriken hörten nicht auf. Auch nicht, als wir in die Euganeischen Hügel heineinfuhren, wenigstens nicht auf den ersten Blick. Später erfuhr ich den Grund. In den Sechzigerjahren wurde der ursprüngliche Agrarraum industrialisiert. Der Staat machte das Land zu billigem Bauland, das jeder ungehemmt nutzen durfte, und so verwandelte sich die Landschaft zwischen Verona, Vicenza und Treviso in ein lockeres Gewebe von Städten, Vorstädten, Siedlungen, Einfamilienhäusern, Dörfern, einzelnen Industriebetrieben, durch das man sich erst einmal zu den Schönheiten des Landes durcharbeiten muss. Der Erfolg dieser politischen Maßnahme war die Umstrukturierung dieses Teiles des Veneto, von einer unwirtschaftlichen Kleinlandwirtschaft, die ihre Menschen nicht mehr ernähren konnte und zum Auswandern wenigstens in die Industriestandorte um Mailand zwang, zu einer Zone der Klein- und Mittelindustrie: Metallverarbeitung, Möbel, Textilien, Schuhe, Keramik, Schmuck. Eine gesunde Struktur ist entstanden mit verhältnismäßig wenig Arbeitslosigkeit und einigem Wohlstand. Hat der Tourismus Schaden erlitten durch die rücksichtslose Zerstörung der Landschaft? Offenbar nicht, denn das Veneto ist noch immer mit 18% am italienischen Gesamttourismus überproportional beteiligt, liegt sogar an erster Stelle aller italienischer Regionen. Allerdings, das Veneto, das sind natürlich nicht nur die Euganeischen Hügel. Veneto, das ist das Land zwischen dem Ostufer des Gardasees und dem Golf von Venedig, das Land von den Dolomiten bis zum Po. Die Städte Verona, Vicenza, Padua und Treviso gehören dazu, Hochgebirge und Meeresküste, Hügelland und endlose Ebenen, von Kanälen und Alleen durchzogen, Alleen wie mit dem Lineal entworfen, Lagunen und die Mündungsgebiete von Etsch und Po. Und diese naturgesegnete Region zieht natürlich Touristen an. Sie wandern in den Dolomiten, sie baden an der Adria und am Gardasee, sie sind Kurgäste in Abano und Montegrotto und in Galzignano, womit wir wieder in den Euganeischen Hügeln wären.

Das Hotel im Kurviertel von Galzignano. Kathrin kurt hier. Galzignano gehört mit Montegrotto und Abano zu den Orten des Veneto, die seit alters für die Heilwirkung ihrer heißen Quellen bekannt sind. Es waren ursprünglich tatsächlich Quellen, aus denen das heiße Wasser an die Oberfläche sprudelte. Inzwischen hat man der Natur mit Bohrungen nachgeholfen und entnimmt im ganzen Gebiet pro Sekunde 1200 Liter Thermalwasser mit einer Temperatur zwischen 75 und 85 Grad.

Die Römer, die das Veneto im 2. Jahrhundert v. Chr. in ihr Imperium eingliederten, machten aus Montegrotto ein glänzendes Heilbad, von dessen prachtvoller Ausstattung Ruinen und Bodenfunde zeugen, das aber auch von den Dichtern und Schriftstellern der Zeit gerühmt wurde. Sie badeten, tranken das Wasser und ließen sich in den schwarzen Schlamm aus den Quellen einpacken. Die Fangobehandlung geht auf die Römer zurück. Gut gegen Entzündungen, Rheuma vor allem und zur Stärkung des Immunsystems. Natürlich gab es ein Theater, Tempel, eine Wandelhalle. Abano war damals das zu Montegrotto gehörende Wohnviertel. Der römische Kaiser hatte in Montegrotto seinen Palast. Die vornehmen Römer verbrachten in Montegrotto und Abano ihre Ferien. Aber Montegrotto war nicht nur Kurort und Ferienort. Schon die Menschen im zweiten Jahrtausend, das uralte Volk der Euganeer, hatte um die Heilwirkung gewusst und den Gott verehrt, den Gott der Quellen, der nicht nur heilte, sondern auch die Zukunft wusste. Diesen Gott verehrten auch die Römer. In Montegrotto hatte er einen Tempel, und in Montegrotto wurde auch sein Orakel befragt.

Wir wollen weder die Zukunft wissen noch kuren. Wir haben Kathrin hierher gebracht zur Kur und wollen uns von ihr das Veneto zeigen lassen. Abendessen im Hotel. Ein Buffet mit den Ausmaßen des Schlaraffenlandes.

Die Küche des Veneto ist ein Spiegelbild seiner weltoffenen Bewohner, die seit eh und je Anregungen von außen aufnehmen. Schließlich ist das Veneto auch das Hinterland Venedigs, und Venedig war in seinen großen Zeiten im ganzen östlichen Mittelmeer präsent, schöpfte seinen Reichtum aus dem Orienthandel, war über die arabischen Karawanenstraßen mit Indien und den Gewürzinseln verbunden.

Das Veneto selbst ist eine Schatzkammer an guten und frischen Lebensmitteln. Da sind die fischreichen Flüsse Po und Etsch, da sind die Kanäle, die fruchtbaren Ebenen mit ihrem Gemüse, mit Reis und Getreide, da sind die Lagunen mit ihren Wasservögeln, die Fische der Adria und der Wildreichtum der Voralpen und der Dolomiten. Wild und Fisch sind die zwei Schwerpunkte dieser Küche.

Da sind die Antipasti aus Meeresfrüchten, Muscheln, Krabben, Tintenfischen, Kalamaren, Krebsen, da ist die weiße und die gelbe Polenta, die im Veneto oft an die Stelle der Pasta tritt, oder Reisgerichte, die dieselbe Funktion übernehmen, Reis mit Erbsen zum Beispiel, mit Spargel, mit Radicchio, mit Artischocken, Pilzen, Schnecken ...

Da ist die gefüllte Ente, das Entenklein in »Bigoli«, einer hausgemachten Nudelart, Perlhuhn in scharfer Sauce, die aus Sardellen, Ochsenmark und Semmelbrösel hergestellt wird. Diese »Salsa peverada« wird auch zum Bollito misto, dem gemischten Suppenfleisch, gegessen. Kapaun mit Suppengemüse und Gewürzen in einer Schweinsblase gegart, Schweinebraten in Essig und Wein eingelegt und in Milch gegart, Hühnerragout in Rotwein, Ragout aus Pferdefleisch mit Tomaten und Zimt in Rotwein geschmort, mit Speck und Salbei umwickelte Vögel, am Spieß gebratene Tauben. Stockfisch mit Zwiebeln, Gewürzen und Olivenöl in Milch gegart. Stockfisch mit Olivenöl und Pfeffer im Mörser zu einer Paste zerstoßen, gegrillte Aale, Süßwasserkrebse in Knoblauch und Petersilie gedünstet, und der Risotto nero, der Reis, der mit der Tinte von Tintenfischen zubereitet wird.

Wir fahren in die Hügel. Zunächst auf der Landstraße, und dann zweigen wir ab auf eines der kleinen Sträßlein. Es ist Frühling. An den Häusern hängen wie Girlanden die langen Rispen der Glyzinien. Apfelbäume blühen und der merkwürdige Judasbaum mit seinen Blüten, die direkt aus der Rinde kommen, und Blumen. Gelbe Ginsterbüsche duften am Straßenrand. In ganzen Feldern mit Rosmarin summen die Bienen, sammeln von den blauen Blüten den raren Honig.

Die Form der Hügel erinnert mich an angenehme weibliche Formen. Sie sind rundherum bewachsen. An den Nordhängen meist mit Kastanienwäldern. An den Südhängen wachsen Weinstöcke und Ölbäume. Dazwischen Wiesen und Felder und jenes undurchdringliche Pflanzenchaos, das man Macchia nennt und das gegenwärtig in Blüte steht.

»Es sind hundert Hügel«, sagt Kathrin und sie fügt hinzu, »entstanden sind sie vor Millionen von Jahren durch Vulkane.« Kleine Dörfer, einzelne

Bauernhäuser, Kirchen, ein Kloster, eine kleine Allee mit dunklen Zypressen.
Mein erster Eindruck war der einer Landschaft ohne Höhepunkte. Jetzt nimmt die Landschaft für mich Struktur an. Jetzt setzen Häuser, Kirchen und Baumgruppen Akzente, jetzt erkenne ich den Grundton der Landschaft: sanfte, überschaubare, menschengemachte Landschaft. Mit Ruheräumen fürs Auge. Im Gegensatz zur Ebene wurden die Hügel von der Zersiedelung ausgenommen. Ich beginne Kathrin zu verstehen. Dies ist der vollkommene Gegensatz zu ihrem schroffen, pittoresken Verzascatal. Das, was sie dort nicht hat, ihr heimlicher Garten Eden. Ich bekomme Lust, in den Hügeln zu wandern. Sie haben etwas vom Kaiserstuhl – ach ja, die vulkanische Herkunft und die Weinstöcke.

In der Randzone der Hügel sind es die Villen, die Akzente setzen. Eiserne Gitter um einen großzügigen Park mit Teichen, Brunnen, Enten, Goldfischen, marmornen Göttinnen und Göttern, exotischen Bäumen und Büschen. Und das Gebäude, reine Renaissance oder auch reiner Barock. Die Hügel waren spätestens seit dem 16. Jahrhundert ein beliebter Ort, um wenigstens einen Teil des Jahres dort zu wohnen. Nachdem die Türken das östliche Mittelmeer beherrschten und portugiesische Seefahrer den Seeweg nach Indien gefunden hatten, spielte Venedig als Handelsmacht zwischen Orient und Okzident keine Rolle mehr. Ehe der Abstieg begann, wendete es sein Interesse seinem Hinterland, eben dem Veneto zu. Sümpfe wurden entwässert und das Land zwischen Po und Etsch urbar gemacht. Kanäle wurden gebaut und waren die Verkehrsadern des Landes. Zugleich stilisierten die Philosophen der Renaissance, die Humanisten, die Landarbeit zur moralisch wertvollen »heiligen Agrikultur«. Ein Stück auf dem Weg zum wahren Menschsein. Plötzlich ist von der »Glückseligkeit des süßen Lebens auf dem Lande« die Rede.
Die Großgrundbesitzer bauten sich Villen, von denen aus sie über ihre Landarbeiter und Ländereien herrschten. Die Villen als Zentren von Landgütern. Die Villen waren zum Teil Abbilder von venezianischen Palazzi. Zum Teil haben sie einen eigenen Stil, der sich mit einem Architekten namens Palladio verbindet.
Nun ist das Leben in und auf den Euganeischen Hügeln gewiss angenehmer als in der Ebene. Im Winter, wenn die Poebene endlos unter einer dichten Nebeldecke liegt, haben die Hügel oft Sonne. Im Sommer ist es in den Hügeln kühler als in der Ebene.
»Weißt du eigentlich, dass Petrarca in den Euganeischen Hügeln die letzten Jahre seines Lebens verbracht hat«, sagt Kathrin, »sein Haus soll in Arqua stehen.« Und wir beschließen, Petrarca unsere Aufwartung zu machen. Wir fahren über Valsanzibio, vorbei an dem kleinen See von Costa di Arqua in die Ortschaft Arqua. Es ist ein mittelalterliches Dorf, das sein ursprüngliches Aussehen zum großen Teil bewahrt hat. Mich beeindrucken die alten mittelalterlichen Häuser in den engen Gassen. Und wären da nicht Mopeds und geparkte Autos, wäre es leicht, sich zurückzuträumen in vergangene Jahrhunderte. Dann stehen wir vor dem Haus des Dichters. Olivenbäume und Weinreben wachsen in dem kleinen Garten. Darüber das Haus. Die Zeit hat es verändert. Eine Loggia wurde angebaut. Die Zimmer wurden mit Fresken ausgemalt. Es ist ein Museum mit vielen Dokumenten und persönlichen Gegenständen des Dichters.
Ein würdiger Herr erzählt uns vom Leben des Dichters. Hier habe er in seinen letzten Jahren seine Werke überarbeitet, Übersetzungen geschrieben aus dem Latein und viele Briefe, vor allem an seinen Freund Francesco da Carrara aus Padua. Nach der Überlieferung starb er am 18. Juli

1374, während er in der Äneis las, in jenem Epos des Dichters Vergil, das von der Gründung der Stadt Rom durch Flüchtlinge aus Troja handelt. Ich will mehr wissen über Petrarca und erhalte bereitwillig Auskunft. 1304 ist er geboren in Arezzo als Sohn eines Notars aus Florenz. Der wurde 1311 aus Florenz verbannt, wahrscheinlich weil er der falschen Partei angehörte, und ging mit seiner Familie nach Avignon an den Hof des Papstes.
Petrarca war 13 Jahre alt, als er in Montpellier mit dem Studium der Rechte begann. Dann studierte er in Bologna. Aber er wurde kein Rechtsgelehrter. Er wurde Geistlicher. In Avignon wurde er zum Priester geweiht. Er war 22 Jahre alt. Ein Jahr später begegnete er – so berichtet er wenigstens selbst in einem Buch – in einer Kirche in Avignon einer Frau, die er Laura nannte. Diese Begegnung wurde für ihn zur Begegnung seines Lebens. In Gedichten und Liedern besang er seine Liebe und Verehrung zu eben dieser Laura und wurde so als Dichter bekannt. Bis zu seinem 45. Lebensjahr lebte er im Wesentlichen auf seinem Landgut bei Avignon.
Ab 1353 lebte er in Mailand bei den Visconti, ging als Gesandter an den Hof nach Prag zu Kaiser Karl IV. Ab 1362, er war 58 Jahre, war er meist in Venedig, später in Padua und dann in Arqua. Sein Einfluss auf die Dichtung seiner Zeit ist groß. Mit ihm beginnt der Dichter seine subjektiven Gefühle und die Innerlichkeit seiner Seele zu reflektieren.
Sein Ruhm aber beruhte besonders auf einer Anleitung zum Leben im christlichen Sinn.
Nach seinem letzten Willen wurde er an einem »würdevollen Ort bei der Pfarrkirche« begraben. Man sagt, am Tag seiner Beerdigung war der Kanal, der von Padua bis nach Rivella führt, dem nächsten Ort am Kanal von Arqua aus gesehen, buchstäblich von Booten verdeckt, so zahlreich waren die Menschen, die ihm die letzte Ehre geben wollten.

Ich sitze im kleinen Garten des Petrarca-Hauses. Kathrin ist telefonieren gegangen und ich sinne über den Dichter nach, der hier in diesem Haus mit dem wunderschönen Blick in die Hügel alt geworden ist. Die Erinnerung an Laura war sicher noch immer um ihn. Die Träume seiner Jugend, die er in seinen Gedichten solch strenger psychologischer Analyse unterzogen hat.
Ich versuche, ihn mir vorzustellen, wie er am Fenster steht und in die Landschaft hinausschaut. Es ist spät im Jahr und die Bauern ernten die Trauben von den Rebstöcken. Eine müde Sonne hüllt die Hügel in ihr Licht. Gelbes Laub und die scheinbare Zeitlosigkeit der Zypressen.

Wir fahren weiter. Unser Ziel ist der Monte Fasolo. Wir lassen das Auto stehen und gehen das letzte Stück zu Fuß. Der Hügel liegt voll in der abendlichen Sonne. Reben wachsen zu unserer Linken. Wir gehen weiter, bleiben stehen, blicken hinunter in die Senken und Täler zwischen den Hügeln. Gegenüber erhebt sich der Venda, mit 601 Meter der höchste Hügel und zugleich der Mittelpunkt der ganzen Gruppe. Die Reste eines Klosters sind auf seinem Gipfel zu sehen und Antennen. Dann kommen wir an die Kapelle des heiligen Gaetanus. Sie steht auf dem Gipfel des Monte Fasolo und ist umgeben von Zypressen, die wie Flammen auf der Wiese stehen. Diese Wiese ist bedeckt mit Tausenden von Gänseblumen. Unterhalb der Kapelle ist ein großes Weingut. Kathrin will es besuchen. Da es spät ist am Nachmittag, ist nur noch der Besitzer selbst da. Er heißt uns freundlich eintreten, und dann müssen wir seine Weine versuchen. Als Erstes trinken wir einen Prosecco, einen Schaumwein, dann kommen Weißweine an die Reihe und Rotweine. Wir nippen nur an den Probiergläsern. Zu groß ist die Versuchung und zu weit ist der Heimweg.

Dieses Weingut auf dem Monte Fasolo aber ist ein typisches Beispiel dafür, welch wunderbare Weine man in kleinen unbekannten Weingütern finden kann.
Übrigens gehört das Veneto zu den vier größten Weinanbaugebieten Italiens. Hier ist der Bardolino daheim und der Valpolicella, von hier kommen die Weine der Colli Berici, hier ist das bedeutende Weinzentrum Breganze.
Am nächsten Tag ist Sonntag. Irgendwer hat uns gesagt, in Teolo sei Gnocchi-Fest. Also fahren wir über die Berge nach Teolo. Es ist ein wunderschöner Morgen. Die Hügel liegen im Frühlicht. Zwischen den Hügeln hängt noch der Dunst. Kleine Dörfer, Bauernhöfe, Kirchen. Immer wieder Durchblicke aus dem Wald, durch den wir zeitweilig fahren, und von der Höhenstraße. Und dann kommen wir nach Teolo. Es ist elf Uhr morgens. Der kirchliche Teil des Festes ist vorbei. Das Gnocchi-Machen ist in vollem Gang.
Gnocchi – einer meiner Freunde sagt Knotschki – wird wie Njocki ausgesprochen, und man erkennt deutlich die Sprachverwandtschaft zum österreichischen Nockerl, was kein Wunder ist. Dieses Land, das Veneto, war immerhin bis 1859 österreichisch. Im Augenblick sind ungefähr zwanzig Männer und Frauen und Kinder daran, die Gnocchi herzustellen. Da werden in großen Schüsseln die Hauptzutaten gebracht: gekochte Kartoffeln, die vermutlich während des Gottesdienstes in Kesseln gegart wurden. Sie werden geschält. Das ist vor allem die Aufgabe der Kinder. Dann werden sie durch große Mühlen gedreht und kommen als Brei auf den Tisch. Dort werden sie – vermutlich von Köchen – in Empfang genommen, mit Mehl und Eiern verknetet und natürlich mit Salz und Muskat gewürzt. Drei Männer sind nur mit dem Herstellen des Teiges beschäftigt. Dann wandert der Teig weiter und wird zu langen dünnen Würsten ausgerollt. Am Schluss stehen zwei, die schneiden diese Würste in kleine Stücke, die ein allerletzter in das kochende Wasser eines großen Kessels über dem Feuer gibt. Wenn sie gar sind, steigen sie auf und werden von demselben Mann mit einem Schaumlöffel herausgenommen und auf Teller verteilt.
Wir stellen uns an für eine Portion Gnocchi. Wir bekommen einen Teller, dann kommen die Gnocchi darauf. Und dann wird die Frage gestellt: »Mit Tomatensauce oder Salbeibutter?« Ich entscheide mich zunächst einmal für Salbeibutter mit dem Hintergedanken, die Gnocchi auch mit Tomatensauce zu probieren. Natürlich nicht aus Verfressenheit, sondern aus rein wissenschaftlichen Gründen. Wir suchen uns einen Sitzplatz. Die Gnocchi schmecken wunderbar. Um uns herum kauende und schmatzende Menschen. Ich beobachte zwei Kinder. Beide etwa fünf oder sechs Jahre alt, ein Junge und ein Mädchen. Er bekommt von seiner Mutter einen Teller mit Gnocchi und eine Gabel. Mit dem begibt er sich zu seiner Freundin, die aber schon einen Teller hat. Hoffnungsfroh sagt er etwas zu ihr. Ich nehme an: »Darf ich dir die Hälfte meiner Gnocchi geben?« Aber das Mädchen dreht sich weg, scheint zu sagen: »Geh weg mit dem Zeug, ich bin froh, wenn ich meine gegessen habe.« Resigniert trottet er davon. Einige Zeit später sehe ich, wie er einen Hund füttert, der scheint's Gnocchi mag. Immer mehr füllt sich der Marktplatz von Teolo. Dann stelle ich fest, dass es eben doch nicht nur Gnocchi gibt, sondern auch Würste vom Grill und Polenta vom Grill, und jetzt verlangt meine Neugierde auch das Probieren einer Wurst. Sie schmeckt ganz gut, aber halt ganz anders als im Wurstland Deutschland. Reumütig kehre ich zu den Gnocchi zurück.

Battaglia, Häuser am Kanal träumen von Venedig

Inzwischen ist die Stadtkapelle gekommen und spielt muntere Musik zum großen Essen. Wir sitzen noch, trinken ein Glas roten Wein. Dann sagt Kathrin, dass sie jetzt einen Espresso braucht und etwas Süßes. Wir brechen auf und fahren nach Montegrotto, wo es wunderschöne Straßencafes gibt. In Teolo aber läuft die Gnocchi-Herstellung auf Hochtouren.

Vor dem Dorfrestaurant beginnen die ersten Paare zu tanzen, das Fest nähert sich neuen Höhepunkten.

Wir fahren nach Battaglia. Es sind ein paar Kilometer von Galzignano, es geht über die Eisenbahn und dann sind wir am Kanal. Mich fasziniert die Brücke. Wir halten an. Ich gehe in die Mitte der Brücke und schaue nach Süden.

Links und rechts vom Kanal liegen die Häuser von Battaglia. Eine Kirche, und gleich bei der Kirche schlägt eine andere Brücke einen Bogen über den Kanal, als wäre sie nicht in Battaglia, sondern in Venedig. Und auch die Häuser von Battaglia, eng nebeneinander sich drängend am Kanal, spiegeln sich in seinem Wasser, als träumten sie davon, venezianische Palazzi zu sein. Der Kanal verbindet die beiden Flüsslein Frassine und Bacchiglione und verbindet Padua über Battaglia mit Monselice, Este und der Etsch und über die Etsch mit Verona und Ferrara. Für das Mittelalter eine schnelle Verkehrsverbindung für Menschen und Güter. Der Kanal zog im Mittelalter Gewerbe an. Es entstanden Mühlen, Sägereien und sogar eine Papierfabrik. Ich schaue nach der anderen Seite. Dort führt ebenfalls eine Brücke über den Kanal, flankiert von Pfeilern mit Göttern und Helden.

Ein müder Herkules stützt sich auf seine Keule. Dahinter liegt ein Schloss, eine Villa, die Privatvilla der Beatrice degli Obizzi. Der Sohn der Beatrice war ein berühmter General von Venedig und er erfand eine Kanone, die nach ihm »Obizze« genannt wurde, woraus sich wie man unschwer hört, das Wort »Haubitze« entwickelt hat. Die Villa, oder sagen wir vielleicht doch besser das Schloss, hat 350 Zimmer, zum Teil mit Fresken und angefüllt mit Waffensammlungen, Münzen, Musikinstrumenten und archäologischen Funden. Die Österreicher haben einen Teil mitgenommen nach Wien. Der weitläufige Englische Garten geht in einen Wald über. Er ist heute ein privates Jagdgebiet.

Wir fahren am Kanal entlang nach Süden. Nach ein paar Kilometern beginnt das Städtchen Monselice. Häuser am Kanal. Eine Stadtmauer und dann müssen wir unser Auto parken, denn die Straßen von Monselice gehören heute dem Wochenmarkt. Marktstände mit den Herrlichkeiten des Gemüsegartens Veneto.

Salat der unterschiedlichsten Art. Ein Berg Ruccola. Man nennt ihn auf Deutsch Rauke. Seine Blätter schmecken scharf und eignen sich ebenso, einen Salat zu würzen, wie als rohe Zugabe zu Fleisch. Junge Karotten, Erbsen, Bohnen. Eine Bäuerin richtet Artischocken, indem sie die spitzen Blätter abschneidet und so die Artischocken für die bequeme Zubereitung fertig macht. Ich sehe vier Sorten Spargel an einem einzigen Stand. Wunderbarer frischer Spargel. Schneeweiß, mit violetten Köpfen: der Cavaillon-Spargel, dicke grüne Spargel und dünnen Wildspargel. Und dann Salami und Schinken und die Stände mit den großen Käserädern, Käse, die keiner bei uns kennt, Grana, Pecorino, Stracchino und Asiago.

Aber damit ist es nicht getan. Auf dem Hauptplatz der Stadt stehen in mehreren Doppelreihen die Stände, wo es nun alles zu kaufen gibt: Kochtöpfe und Küchengeräte, Elektrowaren und Möbel, Teppiche und Unterwäsche, Socken und Hüte, Anzüge und Schuhe, einfach alles. Ich habe Mühe, Kathrin durch den Markt zu ziehen. Eigentlich interessiert sie alles. Sie will zwar nichts kaufen, aber wenigstens die Preise vergleichen. Und die-

Schloss der Beatrice

ser Vergleich fällt natürlich sehr zugunsten Italiens und des Marktes aus. Aber dann wird sie schwach: Bücher. Nicht irgendwelche Bücher, sondern Kochbücher, die haben es Kathrin halt angetan.

Dann steigen wir am ehemaligen Leihhaus vorbei den Weg zum Hügel hinauf, der sich hinter dem zentralen Platz von Monselice erhebt. Da ist zunächst die Ca' Marcello, das Castell des Ezzelino da Romano, der ein skrupelloser Tyrann war, in dem das Volk eine Verkörperung des Teufels sah. Er wurde unterstützt von Kaiser Friedrich II. von Hohenstaufen.

Wir kommen vorbei an Villen und an der Kirche der heiligen Justina, dem alten Dom von Monselice, der aus dem frühen 13. Jahrhundert stammt. Wir kommen dann durch ein Tor, auf dessen Pfeilern rechts der Stauferlöwe sitzt und links ein Löwe, der die Macht der Kirche verkörpert. Dann führt der Weg hügelaufwärts an sechs Kapellen vorbei. »Romanis Basilicis Pares«, nennt eine Inschrift diese Kapellen. Sie sind den Hauptkirchen Roms gleichgestellt und Pilger, die sie besuchen, erhalten laut einem Erlass des Papstes Paul V. von 1605 denselben Ablass wie bei einem Besuch der Hauptkirchen Roms. Die letzte, siebte, größere Kapelle, die bereits auf dem Gelände der Villa Duodo steht, müsste zwar konsequenterweise St. Peter heißen, heißt aber San Georgio aus Erinnerung an eine aus langobardischer Zeit stammende abgerissene Kirche.

Wir sind an der Villa Duodo, 1595 gebaut, mit einem wunderschönen Hof und breiten Treppen, die weiter den Hügel aufwärts führen. Kathrin und ich ruhen uns aus. Kathrin beschäftigt sich mit den Ablässen, die an den Kapellen zu gewin-

nen sind. Für sie als Protestantin haftet dem Wort Ablass ein gewisser Hautgout an. Ich versuche ihr zu erklären, dass man neuerdings oft von dem karmischen Charakter von Krankheiten spricht und dabei meint, dass das schlechte Gewissen über begangene Missetaten die Ursachen solcher Krankheiten sei, dass sich der Mensch sozusagen selbst für seine Sünden bestraft. Und da könne man doch dem Ablass schon einen gewissen Sinn beimessen. Wir werden uns mal wieder nicht einig. Es ist Zeit zum Mittagessen.
Das Merkwürdige dieses Landes wird mir in dieser kleinen Stadt klar. Überall sind die Spuren der Vergangenheit. Monselice war schon zur Römerzeit für seine Steinbrüche bekannt. Langobarden hatten hier eine Burg. Das Mittelalter baute die Befestigung unbezwingbar aus. Selten habe ich Geschichte so greifbar erlebt und so konzentriert wie hier im Veneto, in den Euganeischen Hügeln. Das Bewusstsein, Teil der Geschichte zu sein. Übergang zwischen Gestern und Morgen. Es drängt sich einem auf. Auch das ist das Veneto.
Seit unserem Besuch sind ein paar Jahre vergangen, und ich ertappe mich gelegentlich, dass ich Heimweh habe nach den Euganeischen Hügeln.

Venedig

Von Kathrin Rüegg

Lieber Werner,
Du beschreibst hier das Veneto – und nur ganz am Rande erwähnst du Venedig. Dass du »mein« Veneto irgendwie ablehnst, ist ganz allein meine Schuld: Ich habe es dir durch die Hintertür eintretend gezeigt: Mit dem Auto von Mailand her kommend.
Wie anders wäre dein erster Eindruck vom Veneto gewesen, wären wir zuerst – vom Meer her – nach Venedig gefahren. Ich tat das vor vielen Jahren. Und jene traumhafte Beschwingtheit überkommt mich seither jedes Mal, wenn ich in Venedig bin, in dieser Märchenstadt aus zu Filigran gewordenem Stein, die aus dem Wasser ragt. Auch du könntest dich dem seltsam poetischen Zauber nicht entziehen. Wasserstraßen, die schwarzen Gondeln, beladen mit allem, was der Mensch zum Leben braucht. Die bunten Pfosten der Landungsstege, die Türme, Paläste, Kirchen. Und das alles belebt von Menschen, die allesamt durch diesen Zauber beschwingt scheinen.
Hätte ich noch einen allereinzigen Wunsch in meinem Leben offen: Es wäre ein September, den ich in Venedig verbringen dürfte. In einer Wohnung mit Dachgarten an irgendeinem der Kanäle. Vielleicht würdest du mich dort besuchen. Kämst du aber nicht, dann wüsste ich bestimmt, dass deine Seele in einem früheren Leben in einem jener bedauernswerten Menschen gewohnt hat, die über die Seufzerbrücke geschleppt worden sind und unter den Bleidächern verschmachteten.
Aber – nicht wahr – du besuchst mich doch?

Herzlich deine
Kathrin

Basilikumsuppe

(Soupe au Pistou)

1. *3 l Wasser*
   100 g weiße, getrocknete Bohnen, über Nacht eingeweicht
   2 Kartoffeln, in Würfel geschnitten
   2 Karotten, in Rädchen geschnitten
   1 Lauchstange, in Streifchen geschnitten
   200 g frische grüne Bohnen
   200 g frische rote Bohnen
   3 Tomaten
   2 Zucchini
   1 TL Salz
2. *100 g dünne Nudeln*
3. *3 Knoblauchzehen, gepresst*
   2 Bund Basilikum, fein gehackt
   4 EL Olivenöl
   100 g Parmesankäse, gerieben

Das Wasser aufkochen, die Gemüse von 2. beigeben, 1 Std. kochen, salzen. Die Nudeln beigeben, 10 Min. kochen. Den Knoblauch mit dem Basilikum vermengen, nach und nach das Olivenöl dazurühren, dann den Käse. Einen Schöpflöffel der Gemüsesuppe dazurühren, in die kochende Suppe geben. Sofort servieren.

Basilikumsuppe

Tomaten provenzalisch

(Tomates provençales)

1. 4 schöne, gleich große Tomaten, querdurch halbiert
Salz, Pfeffer
2. 3 EL Butter
4 EL Paniermehl
1 Knoblauchzehe, gepresst

Die Tomaten auf ein eingeöltes Backblech legen, würzen. Die Butter schmelzen, die restlichen Zutaten von 2. darunter mengen. Diese Paste auf die Tomaten streichen.
Im auf 180°C vorgeheizten Ofen 20 Min. backen.

Honigcrème

(Creme au Miel)

1. 1/2 l Rahm
Schale einer Zitrone
50 g Honig
2. 4 Blätter Gelatine
2 EL heißes Wasser
3. 1/2 l Rahm, ganz steif geschlagen
4. 250 g Honig

Die Zutaten von 1. aufkochen, 4–5 Min. kochen lassen, dabei ständig rühren. Die Gelatineblätter im kalten Wasser einweichen, im Wasserbad mit Zugabe des Wassers auflösen, gut ausdrücken. Die Zitronenschale entfernen, die Gelatine mit der Creme vermengen. Die zweite Rahmportion darunter ziehen. Alles in eine kalt ausgespülte Puddingform einfüllen. Über Nacht kühl stellen. Vor dem Servieren die Honigportion von 4. im Wasserbad erwärmen, über den gestürzten Pudding gießen.
Eine viel weniger Kalorien enthaltende Version kann man machen, indem man die erste Rahmportion durch 3 Gläser Joghurt ersetzt, die übrigen Zutaten von 1. zugibt, ohne das Ganze aufzukochen.

Mussaka mit Bohnen

(Musakas me Fasolia)

1. 4 EL Olivenöl
1 Zwiebel, fein gehackt
250 g Hackfleisch
2. 1 EL Tomatenpüree
2 EL Wasser
Salz, Pfeffer
3. 500 g grüne Bohnen
3 EL Paniermehl
4. 1 EL Butter
1 EL Mehl
1/4 l Milch
2 EL Grieß
3 Eier, verklopft
Salz
5. 100 g Parmesankäse, gerieben

Das Olivenöl erhitzen, die Zwiebel darin glasig dämpfen, Fleisch beigeben, andämpfen, bis es die Farbe verloren hat. Das Tomatenpüree mit dem Wasser verrühren, beigeben, einkochen lassen, würzen.
Die Bohnen in kochendem, leicht gesalzenen Wasser 10 Min. blanchieren, das Wasser abgießen. Die Bohnen mit dem Paniermehl vermischen.
Die Butter von 4. schmelzen, das Mehl darin durchdämpfen. Mit der Milch ablöschen. Das Grieß hineinrieseln lassen. Gut rühren und aufkochen. Köcheln, bis die Creme fest wird. Würzen. Etwas auskühlen lassen. Die Eier unter die Masse mischen. Von dieser Creme einen Viertel in eine gut gebutterte Auflaufform geben, dann die Bohnen, dann das Fleisch. Die restliche Creme mit dem Käse vermengen, über dem Fleisch verteilen. Im auf 180°C vorgeheizten Ofen 20 Min. überbacken.

Tomaten provenzalisch

Auberginen mit Tzatziki

(Melitsanes me Tzatziki)

1. *4 Auberginen (ca. 800 g), in 5 mm dicke Scheiben geschnitten*
1 TL Salz
3 x 2 EL Olivenöl
2 EL Mehl

2. **Tzatziki** (Joghurtsauce)
2 Becher Joghurt
3–4 Knoblauchzehen, gepresst
Salz
1 TL Weißweinessig
2 EL Olivenöl

Die Auberginenscheiben auf ein Gitter legen, auf beiden Seiten leicht mit Salz bestreuen, 1/2 Std. stehen lassen. Das entstandene Wasser wegwischen.
Das Olivenöl portionenweise erhitzen, die Auberginen im Mehl wenden, beidseitig goldbraun braten. Dicht an dicht auf eine Platte legen. Die Zutaten von 2. miteinander vermengen. Auf die Auberginenscheiben verteilen. Kalt stellen oder sofort servieren.

Auberginen mit Tzatziki

Milchreis

(Risoghalo)

1. *1/2 l Wasser*
   5 EL Zucker
   1 Vanilleschote, der Länge nach aufgeschnitten
   200 g Rundkornreis
2. *1 l Milch*
3. *2 EL Maizena oder Mondamin*
   2 EL Milch
4. *2 Eigelb, zerklopft*
5. *1 EL Zucker*
   1 TL Zimt

Das Wasser mit dem Zucker und der Vanilleschote aufkochen. Den Reis beigeben. 10 Min. köcheln lassen (rühren, brennt gerne an!). Die Vanilleschote auskratzen, entfernen. Milch zum Reisbrei geben, 20 Min. köcheln. Die Speisestärke mit der Milch von 3. 10 Min. köcheln. Vom Feuer nehmen, das Eigelb dazurühren. Nochmals 2 Min. kochen (rühren!). Vor dem Servieren kalt stellen. In Portionenschalen füllen. Mit Zucker und Zimt bestreuen.

Seezungen auf venezianische Art

(Sogliole alla Veneziana)

1. *4 Seezungen zu je ca. 350 g (Ersatz: Schollen), ausgenommen, geschuppt und ohne Köpfe*
   2 EL Mehl
   Salz, Pfeffer
2. *2 EL Olivenöl*
   1 Zwiebel, fein gehackt
   1 Stange Sellerie, fein gehackt
   3 EL Sultaninen
   2 EL Pinienkerne
3. *3 EL Zitronensaft*
   1/8 l Wasser
   Salz, Pfeffer
4. *einige Petersilienzweige*

Den präparierten Fisch im kalten Wasser waschen, trocken tupfen. Mehl auf einem Teller würzen. Die Fische darin wälzen. Das Öl erhitzen, die Fische auf jeder Seite ca. 4 Min. goldbraun braten. Auf einer vorgewärmten Platte warm stellen.

Im gleichen Öl nach und nach die Zutaten von 2. dämpfen, mit den Zutaten von 3. ablöschen, würzen. So lange köcheln (nicht zudecken), bis die Flüssigkeit eingekocht ist (ca. 15 Min.). Über die Fische geben. Mit Petersilie garniert servieren.

Spargelpastete

(Pasticcio di Asparagi)

Teig

1. *500 g Mehl (Für die Pastete braucht man nicht die ganze Menge Teig. Aus dem Rest macht man Nudeln)*
   4 Eier, verklopft
   1–3 EL Wasser
   Ersatz: 300 g Lasagne-Nudeln
2. *5 l Wasser*
   1 EL Salz

Béchamel-Sauce

3. *2 EL Butter*
   2 gestr. EL Weißmehl
4. *$1/2$ l Milch oder Hühnerbrühe*
   Salz, Pfeffer
   Muskatnuss, gemahlen
5. *100 g Parmesankäse, gerieben*

Füllung

6. *2 l Wasser*
   500 g Bruchspargel, in 5 cm lange Stücke geschnitten
7. *1 EL Olivenöl*
   1 Zwiebel, fein gehackt
   1 Knoblauchzehe, gepresst
   2 EL Petersilie, fein gehackt
   Salz, Pfeffer

Teig

Das Mehl bergartig auf den Tisch sieben, eine Vertiefung machen, die Eier hineingeben. Mit einer Gabel verrühren, dabei etwas Mehl dazumischen. Dann von Hand weiterkneten. Bei Bedarf wenig Wasser zufügen. Es soll ein kompakter, glatter Teig entstehen. Diesen in ein feuchtes Tuch gewickelt $1/2$ Std. ruhen lassen.

Béchamel-Sauce

Die Butter schmelzen, das Mehl beigeben, gut durchdämpfen. Milch oder Hühnerbrühe dem Pfannenrand entlang beigeben, gut durchrühren, damit keine Knöllchen entstehen. Würzen, 10 Min. köcheln, Topf vom Feuer nehmen, den Käse unterziehen.

Füllung

Das Wasser mit dem Salz aufkochen, das Gemüse darin blanchieren (Spargel ca. 20 Min., Blattgemüse 5 Min.). Das Olivenöl erhitzen, die restlichen Zutaten von 5. darin andämpfen, würzen, das Gemüse beigeben, gut vermengen.

Pastete

Den Teig in mehrere Stücke zerteilen, jedes einzelne auswallen. Je dünner, umso besser. Die Teigplatten, die für die Pastete gebraucht werden, formen wie die vorgesehene Auflaufform. Für die Pastete braucht man 4 Teiglagen. Den Restteig ebenfalls ganz dünn auswallen, locker aufrollen, breitere oder schmale Nudeln daraus schneiden, diese 1 Std. trocknen lassen. Entweder tiefkühlen oder innert 3 Tagen (im Kühlschrank aufbewahrt) für ein Nudelgericht verwenden.

Das Wasser von 1. aufkochen, die Teigplatten darin 10 Min. köcheln. Die Auflaufform gut ausbuttern. Eine Teigplatte hineinlegen. Zuerst Gemüsefüllung, dann Béchamelsauce darauf geben. Wieder mit einer Teigplatte zudecken usw. Zuoberst eine Lage Béchamel.

Diese Pastete lässt sich auch mit anderen Gemüsearten machen, die man vorher blanchiert. Mit Radicchio rosso (roter Chicoree) wird sie besonders gut.

Ente auf Gemüsebett

Ente auf dem Gemüsebett

(Anatra alla Padovana)

1. 1 Ente, in acht Teile zerteilt
2. 2 EL Olivenöl
4 Rippen Stangensellerie, in feine Streifen geschnitten
1 Zwiebel, fein gehackt
4 Karotten, in feine Scheiben geschnitten
3 EL Petersilie, fein gehackt
3. $^1/_4$ l herber Weißwein
3 EL Schnittlauch, fein gehackt
Salz,Pfeffer
evtl. etwas Hühnerbrühe

Falls es sich um eine Wildente handelt, die Fleischstücke 2 Std. in fließendes Wasser legen, um den Wildgeruch zu vermindern.
Das Olivenöl erhitzen, die Gemüse in der angegebenen Reihenfolge nach und nach beigeben, durchdämpfen. Das Fleisch beigeben, $^1/_4$ Std. mitdämpfen. Mit dem Weißwein ablöschen. Schnittlauch dazugeben, würzen.
In einer Kasserolle im auf 150°C vorgeheizten Backofen $1^1/_2$ Stunden braten. Gelegentlich durchrühren. Evtl. etwas Hühnerbrühe dazugeben. Bratzeit für Wildente 1 $^1/_2$ Stunde, für Freilandente 1 Stunde.

Die Welt der Kräuter

von Werner O. Feißt

Damals war ich noch Lehrer in Oberbergen. Ich fuhr nach Freiburg wie jeden Mittwochnachmittag; mittwochnachmittags war nämlich schulfrei. Mutter hatte mir von ihrem Mittagessen aufgehoben:
Fleischküchle und Gelberüben mit Kartoffeln zusammen gekocht: Eines meiner Leibgerichte. Und doch, an diesem Tag schmeckten die Fleischküchle auf eine ganz besondere Weise anders.
»Mutter, warum schmecke die Fleischküchli anders als sunst?«
»Schmecke se der nit?« »Doch, grad.«
»Hä, i han eweng Thymian dra due.« »Des hesch aber noch nie gmacht!« »Hä, doch.«
Aber Mutter hatte die Fleischküchle vorher noch nie mit Thymian gewürzt. Warum sie es an diesem Mittwoch zum ersten Mal tat? Vielleicht war ihr der Thymian beim Kochen am Morgen in den Sinn gekommen, vielleicht als eine Erinnerung an ihre Zeit als Köchin in einem Freiburger Gasthof ...
Ich aber achtete von nun an darauf, dass in den Fleischküchle Thymian war. Und mit dem Thymian begann ich die Welt der übrigen Küchenkräuter zu entdecken. Ein neues kulinarisches Bewusstsein! Vor allem, seitdem ich selber kochte. Was wäre das Kochen ohne Kräuter!
Sie sind recht in Mode gekommen, die Kräuter. Bei einem gesundheitsbewussten Essen gehören Kräuter einfach dazu. Sie bringen Vitamine und Mineralien ein, sie machen salzarmes Kochen schmackhaft.
Aber sie sind auch ein Geheimnis der Kochkunst. Wer das Würzen beherrscht mit Gewürz und Kräutern, der darf sich ein Meister nennen. (Natürlich gehört noch dies und das dazu!)
Weit reicht die Geschichte der Kräuter und ihrer Anwendung in der Küche in graue Zeiten des Anfangs zurück. Kein Historienbuch nennt ihre Entdeckung. Darum habe ich diese Geschichte erfunden:

Wie die Kräuter zu den Menschen kamen

Es war in der Zeit vor der Zeit. Die Götter hatten die Menschen geschaffen und ihnen ein Paradies geschenkt, in dem sie glücklich und zufrieden lebten. Das, was dieses Glück ausmachte, war, dass sie weder an das Gestern noch an das Morgen denken mussten. Sie konnten sorglos im Jetzt leben, wie die Pflanzen und die Tiere. Denn sie mussten sich um nichts kümmern. Nicht um Kleidung, sie waren nackt, nicht um Wohnung, das Klima war warm und trocken, das Paradies wohnlich, nicht um Essen und Trinken. Das Paradies lag nämlich so nahe am Olymp, dem Wohnort der Götter, dass sie sich von der Speise der Götter nähren konnten: Ambrosia. Und Nektar war das Getränk. Ambrosia und Nektar standen den Menschen immer und jederzeit zur Verfügung, sie brauchten sich nur zu bedienen. So waren ihnen Hunger und Durst unbekannt und selbstverständlich auch jede Form von Arbeit, die unnötig ist,

wenn man genug zu essen hat, keine Wohnung braucht und nichts anzuziehen. Da Ambrosia und Nektar aber als Speise der Götter das Vollkommenste sind, was es in dieser und jeder anderen Welt geben kann, blieb auch kein Wunsch nach Abwechslung des Speiseplanes offen, ja kam überhaupt gar nicht auf ... Das alles änderte sich schlagartig, als die Menschen den unglücklichen Entschluss fassten, nachzudenken. Da kamen sie auf die Idee, ein gewisser Apfel könnte noch besser schmecken als Ambrosia. Sie probierten es aus, und zu Ende waren die paradiesischen Zustände. Sie merkten, dass sie nackt waren, dass das Klima außerhalb des Paradieses kalt und nass war und dass vor allen Dingen von nun an das Casino der Götter für Menschen »off limits« war: Es gab niemals mehr Nektar und Ambrosia.
Also mussten Kleider her, eine Wohnung und vor allem Ersatz für die Götterspeise. Aber wie das so ist mit den Dingen, die Ersatz sind. Es war halt nicht irgendetwas auch nur entfernt Vergleichbares zu finden. Es war überhaupt schwierig, etwas Essbares zu finden. Obst und Beeren gab es nur in einer Jahreszeit, Gemüse war noch nicht kultiviert – bis zum ersten Blumenkohl waren es noch einige hunderttausend Jahre hin – ein paar elende Stängel und Blätter! Gelberüben waren noch kurze bleistiftdünne Würzelchen. So blieb nichts anderes übrig, als sich an die Spielkameraden aus dem Paradies zu halten, die Tiere. Die brachten sie jetzt um, um sie zu essen. Soweit es sich diese gefallen ließen und nicht den Spieß umkehrten.
Mit einem Wort, die Menschen mussten lernen, für sich und die ihren zu sorgen. Sie mussten lernen zu arbeiten, an morgen zu denken. Und wenn sie dann am Abend in ihrer Höhle saßen, vielleicht hatten sie das Feuer schon erfunden – wir wollen es ihnen wünschen – und lustlos an einem Knochen nagten, dann überkam sie die Erinnerung: »Weißt du noch damals im Paradies.« Und sie erzählten ihren Kindern wie es dort war, und sie erzählten vor allem von Nektar und Ambrosia.
Und während die einen träumten, machten sich die anderen Gedanken, wie man den Braten so verändern könnte, dass er dem Wohlgeschmack des Ambrosia nahe kommt.
Da fiel eines Tages im Olymp ein Krug mit Nektar um. Es war bei einem der Feste der Götter, wo es immer hoch her ging. Man weiß, dass sie sich da auch stritten, woraus dann meistens neues Unglück für die Sterblichen entstand – man denke nur an die Sache mit dem Apfel (wieder ein Apfel!), auf dem stand: »Der Schönsten!« Da war vielleicht was los! Gleich drei Göttinnen erhoben Anspruch auf die silberne Frucht. Ein Sterblicher musste entscheiden: Paris. Er entschied, und schon ging der Trojanische Krieg los.

Ob solcher Streit unter den Göttern war oder einfach nur ein normales Fest, ich weiß es nicht, jedenfalls fiel der Krug um, der Nektar floss heraus und tropfte auf die Erde. Und wo immer ein Tropfen des göttlichen Getränks hinfiel wuchs ein Kraut von göttlichem Wohlgeschmack. Der Rosmarin und der Thymian und der Salbei und der Liebstöckel und das Bohnenkraut und der Ysop, nicht zu vergessen die Petersilie und der Schnittlauch. Und so wird auch endlich klar, warum alle Küchenkräuter vom Mittelmeer stammen: Der Olymp ist ja in Griechenland, davon kann sich jeder überzeugen. Und dort war auch sicher das Paradies, davon bin ich, Werner Feißt, felsenfest überzeugt!

Und als die Urmütter wieder einmal auf der Suche nach Essbarem durch Thessalien streiften, Wurzeln ausgruben und Blätter abpflückten, indes die Urväter auf der Jagd waren, da fanden sie die neuen Kräuter, rochen an ihnen, probierten winzige Stücklein ihrer Blätter aus, und als sie nicht tot umfielen und auch kein Bauchweh bekamen, nahmen sie die Pflanzen mit. Und am Abend gab es dann Bärenbraten mit Thymian. Und der Urvater schmatzte und sagte: »Weib, das schmeckt ja wie Ambrosia, so will ich den Bär von jetzt ab immer.«

Und so begann die Geschichte der Kochkunst und der Küchenkräuter. Durch ihre himmlische Herkunft ist in diesen Kräutern auch Heil. Der Urvater merkte es gleich in der nächsten Nacht, als ihm der fette Bärenbraten nicht so schwer im Magen lag wie sonst.

Was man bei der Verwendung von Kräutern beachten sollte

Am besten schmecken die Kräuter, wenn man sie frisch verwenden kann. Wenn man, wie mein Freund Roy Kieferle in seinem »Wagnerstüble», einfach aus der Küchentür in den Garten gehen kann, wenn man Kräuter braucht. Dann ist auch ihr Gehalt an Vitaminen am höchsten.
Viele Kräuter bewahren auch im getrockneten Zustand ihre Aromafülle. Dabei sind die »gerebelten« besser als die pulverisierten. (Gerebelt bedeutet verbröselt!)
Einige Kräuter verlieren getrocknet schnell ihr Aroma, einige lassen sich gar nicht trocknen.
Kräuter kann man tiefgefrieren. Man hackt sie klein und gefriert sie in kleinen Portionen entsprechend ihrer Verwendung ein. Basilikum lässt sich z. B. auch in Olivenöl einlegen. Der beste Weg aber ist der »Kräutergarten im Blumentopf« auf der Fensterbank der Küche oder auf dem Balkon rund um das Jahr.
Kräuter sollen nicht den Geschmack einer Speise bestimmen, sondern nur betonen. So wie das Bohnenkraut den Geschmack von frischen Bohnen hervorhebt. Darum Kräuter vorsichtig verwenden.
Einige Kräuter wie Basilikum, Beifuß und Dill dulden keine anderen Aromen neben sich. Sie wollen allein verwendet werden. Andere Kräuter bilden regelrechte »Familien«, die sich ergänzen wie z. B. Rosmarin, Thymian, Oregano, Salbei.
Die meisten Kräuter dürfen nicht mitgegart werden, sondern werden erst zum Schluss zugesetzt.
Kräuter sollte man nicht mit dem Messer hacken, sondern am besten verzupfen.
Die Kunst des Würzens mit Kräutern muss man erlernen. Dazu gehört viel Erfahrung und Fingerspitzengefühl, das sich aus der Erfahrung ergibt und einer geschulten Zunge. Eine Speise ist vorbildlich gewürzt, wenn kein Aroma durchschmeckt.

Was man mit welchen Kräutern würzt

Aal:	Beifuß
Blattsalat:	Borretsch
Eierspeisen:	Dill, Kresse, Melisse, Pfefferminze, Schnittlauch, Fines Herbes (Estragon, Kerbel, Petersilie, Schnittlauch)
Eintopfgerichte:	Bohnenkraut, Liebstöckel, Petersilie, Schnittlauch, Ysop
Ente:	Beifuß
Fleisch:	Basilikum, Beifuß, Bohnenkraut, Estragon, Kerbel, Knoblauch, Kümmel, Liebstöckel, Majoran, Melisse, Oregano, Petersilie, Pfefferminze, Rosmarin, Salbei, Thymian, Wacholder, Ysop, Zwiebel
Fleischsuppe:	Blattsellerie, Estragon, Kerbel, Liebstöckel, Petersilie, Petersilienwurzel, Thymian, Bouquet garni (nach französischer Küchentradition: 6 Zweige Blattpetersilie, 2 Zweige Blattsellerie, 1 Zweig frischer Thymian als Bündel oder in einem Mullsäckchen mit einem Lorbeerblatt)
Fisch:	Basilikum, Bohnenkraut, Dill, Estragon, Kerbel, Knoblauch, Liebstöckel, Melisse, Oregano (Meeresfisch), Petersilie, Rosmarin, Salbei, Sellerie, Thymian, Ysop, Zwiebel
Gans:	Beifuß, Majoran, Ysop
Geflügel:	Basilikum, Beifuß, Bohnenkraut, Dill, Liebstöckel, Majoran, Melisse, Petersilie, Rosmarin, Thymian
Gemüse:	Basilikum, Bohnenkraut, Borretsch, Dill, Estragon, Kerbel, Korianderblätter, Liebstöckel, Majoran, Melisse, Oregano, Petersilie, Pfefferminze, Salbei, Schnittlauch, Thymian, Wacholder, Zwiebel
Gemüsesuppe:	Beifuß, Bohnenkraut, Liebstöckel, Rosmarin, Bouquet garni (s. Fleischsuppe)
Gurkensalat, Gurkengerichte:	Borretsch, Dill, Fenchel
Hackfleisch:	Borretsch, Liebstöckel, Petersilie, Thymian, Ysop
Hammelbraten, Hammelgerichte:	Bohnenkraut, Rosmarin, Ysop, Fines Herbes (Estragon, Kerbel, Petersilie, Schnittlauch)
Hülsenfrüchte:	Bohnenkraut, Liebstöckel, Oregano, Thymian, Ysop
Innereien:	Fines Herbes (Estragon, Kerbel, Petersilie, Schnittlauch), Thymian, Zwiebel (Schalotte)
Kartoffeln:	Bohnenkraut, Borretsch, Dill, Kerbel, Kresse (Bratkartoffeln), Majoran, Oregano, Petersilie, Rosmarin, Schnittlauch, Thymian, Ysop
Käse:	Estragon, Kümmel, Oregano, Petersilie, Rosmarin, Salbei, Schnittlauch, Thymian, Zwiebel
Kohl:	Beifuß, Kümmel, Ysop

Kräuterbutter:	Basilikum, Estragon, Kerbel, Kresse, Liebstöckel, Majoran, Petersilie, Schnittlauch, Ysop
Kräuteromelett:	Borretsch, Estragon, Fines Herbes (Estragon, Kerbel, Petersilie, Schnittlauch)
Nudelgerichte:	Basilikum, Majoran, Oregano, Petersilie, Salbei, Schnittlauch, Ysop
Pesto, Pistou:	Basilikum
Pilze:	Bohnenkraut, Petersilie, Zwiebel
Quark:	Dill, Estragon, Kerbel, Kresse, Melisse, Pfefferminze, Schnittlauch, Thymian, Ysop
Ragouts:	Estragon, Liebstöckel, Petersilie, Salbei, Ysop
Rohkost:	Dill, Kerbel, Kresse, Melisse, Pfefferminze
Salate:	Basilikum, Bohnenkraut, Borretsch, Dill, Estragon, Fenchel, Majoran, Melisse, Oregano, Petersilie, Pfefferminze, Schnittlauch, Thymian, Ysop, Zwiebel
Schmalz:	Beifuß, Majoran, Thymian, Ysop, Zwiebel
Soßen:	Basilikum, Borretsch, Estragon (Sauce Bearnaise), Kerbel, Liebstöckel, Majoran, Melisse, Oregano, Petersilie, Pfefferminze (engl. Minzsoße), Salbei, Ysop
Suppen:	Basilikum, Borretsch (Kartoffelsuppen), Dill, Estragon, Kerbel, Liebstöckel (»Maggikraut«!), Majoran, Oregano, Petersilie, Salbei, Schnittlauch, Ysop
Tomatengerichte:	Basilikum, Majoran, Oregano, Petersilie, Rosmarin, Salbei, Ysop
Wild:	Bohnenkraut, Koriander, Liebstöckel, Rosmarin, Thymian, Wacholder

Was man noch beachten sollte

Küchenkräuter sind bis auf ein paar Ausnahmen Heilkräuter, die zum Teil sehr intensiv wirken. Man sollte sich das zunutze machen. So wie man z. B. einen fetten Gänsebraten mit Beifuß würzt, der die Verdauung unterstützt und der Galle hilft, oder Thymian, Rosmarin, Majoran, Salbei, die ebenfalls der Verdauung helfen, an fette Fleischgerichte gibt oder an anderes, das schwer im Magen liegt.

Aber Kräuter am Essen können noch mehr. Sie können den Kreislauf anregen (Rosmarin), Husten beruhigen (Thymian), Blutdruck erhöhen (Rosmarin) und senken (Knoblauch). Die Hausfrau wird also einem Menschen mit hohem Blutdruck keinen Braten vorsetzen, der nur mit Rosmarin gewürzt ist, sondern wird immer auch Knoblauch mitverwenden, genauso wie sie bei einem Gericht mit viel Knoblauch immer auch Rosmarin beifügt, damit bei niemand der Kreislauf in den Keller geht.

Wir sind bei der Beschreibung der einzelnen Kräuter auf diese gesundheitlichen Wirkungen besonders eingegangen. Das dort Gesagte gilt im Allgemeinen auch dann, wenn das jeweilige Kraut zum Würzen verwendet wird.

Wie man einen Kräutergarten anlegt

Wenn man einen Kräutergarten anlegt – und ein solches Unternehmen lohnt sich, nicht nur weil halt frische Kräuter ungleich besser schmecken als welke, sondern auch weil ein Kräutergärtchen eine Wonne fürs Auge und für die Nase ist –, dann braucht man einen geeigneten Platz. Nicht irgendeinen Platz, der im Garten noch nicht genutzt ist, sondern das sonnigste und geschützteste Fleckchen, das sich finden lässt. Die meisten unserer Kräuter kommen ja ursprünglich vom Mittelmeer. Sie wollen so viel Sonne, wie sie nur bekommen können, und wollen vor kaltem Wind beschützt sein. Am besten wäre es, eine Ecke vor einer Gartenmauer zu haben, die nach Süden offen ist, die die Sonne reflektiert. Aber eine Hecke tut es auch oder ein paar flache Steine, die übereinander gelegt werden, um den besonders empfindlichen Rosmarinstock zu schützen. Einige der Südländer wollen einen trockenen, steinigen, ja kargen Boden. Das sind Pflanzen wie Rosmarin, Bohnenkraut, Thymian, Salbei. Andere lieben einen feuchten, tiefgründigen, humosen Boden. Sie gedeihen auch noch im Halbschatten: Borretsch gehört dazu, Pfefferminze, Liebstöckel. Einiges haben sie miteinander gemeinsam: Sie mögen weder zu viel Wasser noch zu viel Dünger. Es kommt nicht darauf an, eine Menge Blätter zu haben, sondern ein Optimum an Inhaltstoffen. Aroma und medizinische Wirksamkeit hängen ja vom Gehalt an ätherischen Ölen, Bitterstoffen, Glykosiden, Alkaloiden, Harzen, Mineralien, Vitaminen ab, und die sind in einer von Düngern hochgepuschten, vom Wasser aufgeschwemmten Pflanze nur ungenügend vorhanden.

Schwere und lehmige Böden eignen sich schlecht für einen Kräutergarten. Sie müssen mit Torf, Sand, Kompost aufgelockert werden. Kann das Wasser nicht abfließen, wird man sogar unter die Pflanzschicht eine Schicht aus Sand anlegen müssen, die den Ablauf des Wassers unterstützt. Besser ist ein sandiger, trockener Boden, den man mit Torf und Kompost verbessert.

Bei einigen Kräutern muss man Vorkehrungen treffen, dass sie nicht den ganzen Kräutergarten überwuchern. Pfefferminze braucht z. B. eine tief gehende Begrenzung. Schön ist es, wenn man die einzelnen Beete des Kräutergärtchens mit kleinen Wegen voneinander trennt, sodass man ohne Problem zu jeder Pflanze kommt und andererseits das Ganze eine gewisse Ordnung aufweist. In vielen Gartenbüchern gibt es Anregungen für interessante Anlagen des Kräutergartens: Spiralen, Labyrinthe, Steingärten ... Berühmt ist die Anlage eines Kräutergartens im großen Plan des Klosters St. Gallen.

Wenn Sie tatsächlich Ihre Kräuter düngen wollen oder müssen, so tun Sie das nur mit Kompost oder mit Brennnesseljauche. Frisch geschnittene Brennnesseln werden mit Wasser in einer Tonne angesetzt. Das Ganze gärt im Laufe von zwei Wochen und kann nach Abschluss der Gärung mit der Gießkanne den Pflanzen gegeben werden. Da die Jauche beim Gären sehr intensiv riecht, empfiehlt es sich, den Behälter zuzudecken. Zu konzentrierte Jauche muss vor dem Gießen mit abgestandenem Wasser verdünnt werden. Was machen aber die, die keinen Garten haben und die dennoch auf frische Kräuter nicht verzichten wollen? Nun, sie ziehen ihre Lieblingskräuter auf dem Balkon oder auf der Fensterbank. Von den ausdauernden Kräutern eignen sich dazu Estragon, Liebstöckel, Melisse, Oregano, Pfefferminze, Rosmarin, Salbei, Schnittlauch, Thymian, Ysop, von den ein- und zweijährigen Basilikum, Borretsch, Bohnenkraut, Kerbel, Kresse, Petersilie, Majoran. Am besten kaufen Sie die Stöcke beim Gärtner. Wenn Sie die Kräuter selbst pflanzen wollen, dann achten sie zunächst auf einen guten Wasserab-

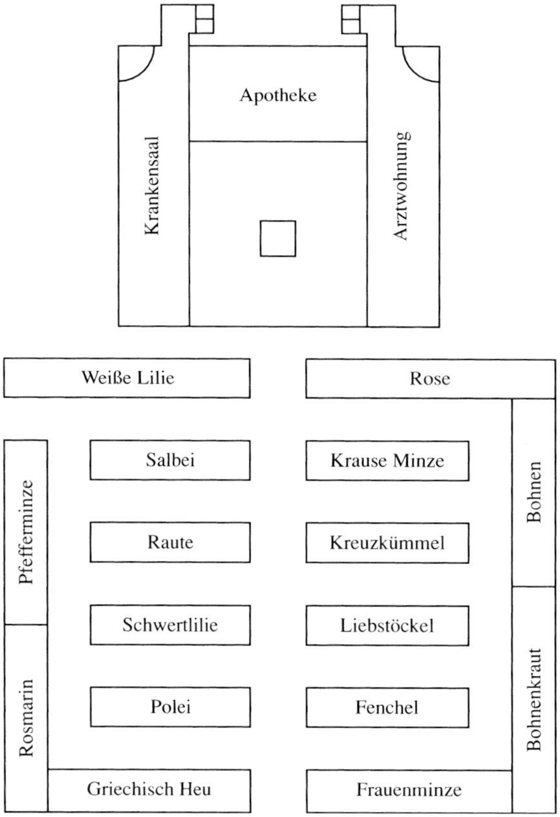

Ärztehaus und Kräutergarten des Klosters St. Gallen, 820 n. Chr.

fluss. Ob Blumenkasten oder Blumentopf, bedecken Sie zunächst das Abflussloch mit einer Tonscherbe. Dann wäre es gut, etwas Sand in den Topf zu geben, damit die Pflanze nie zu nass hat. Als Pflanzerde können Sie handelsübliche Blumenerde verwenden, die sie am besten mit etwas Kompost (vielleicht hat der Nachbar Kompost im Garten) oder etwas Torf und Sand locker und krümelig machen. Ist der Topf halb gefüllt, kann man als Dünger etwas Hornspäne untermischen. Dann werden die Kräuterstöcke gesetzt bzw. ausgesät. Empfindliche Arten sollten Sie im Zimmer hinter dem Fenster keimen lassen, die anderen dürfen nach der Aussaat gleich auf den Balkon oder vor das Fenster. Und jetzt müssen Sie sich um Ihre Blumenkinder kümmern.

Regelmäßig gießen, aber nicht zu viel! Das Wasser sollte grundsätzlich Zimmertemperatur haben. Und gelegentlich ein wenig Pflanzendünger. Aber nicht in der gleichen Konzentration wie für Ihre Blumen. Viel stärker verdünnen.

Denken Sie daran, die meisten Kräuter brauchen wenigstens 5 Stunden direkte Sonne täglich. Also den »Kräutergarten« auf einer »südlichen« Fensterbank unterbringen, das Küchenfenster schaut leider nur zu oft nach Norden.

Im Herbst holen Sie Ihre Pflanzen herein und pflegen sie in der Wohnung. Sie sollten auch dann viel Licht haben – und nicht zu warm. Gießen Sie sparsam. Dieses Überwintern in der Wohnung ist nicht ganz einfach. Aber versuchen Sie es.

Rosmarin

Wenn meine Mutter am Samstagabend in unserem Garten einen Zweig Rosmarin pflückte vom großen Busch, auf den sie so stolz war, dann wusste ich, es würde am Sonntag Schweinebraten geben.

Ich hatte zum Rosmarin ein merkwürdiges Verhältnis. Ich fand seinen Duft interessant, aber auch ein klein wenig an Kirche erinnernd, an Weihrauch und bestimmte Blumen. Aber mir gefiel sein Name: Rosmarin. Das klang wie Rosmarie. Ein Mädchen Rosmarie kannte ich seit der Erstkommunion meines Vetters Roland. Da war sie dabei, die Tochter entfernter Verwandter, die aus der Schweiz kamen. Es gibt ein Foto von jener Erstkommunion, da stehe ich, der Vier- oder Fünfjährige, vor der Reihe ernster Onkel und Tanten an der Hand jenes Mädchens Rosmarie, das vielleicht zehn oder zwölf war. Ich bin gar nicht so sicher, dass mir das Mädchen gefallen hat. Gefallen aber hat mir der Name Rosmarie. Bisher hatte ich immer nur die Namen meiner Tanten und Cousinen gekannt, die Rosa, Rösle, Rose, Marie und Mariele hießen, aber niemals Rosemarie. Dieser Name erschien mir ausnehmend schön. Und den brachte ich immer in Verbindung mit dem Kräuterbusch im Garten meiner Mutter. Ich dachte, da müsse es doch eine Geschichte geben von einem wunderschönen Mädchen, von einer Königstochter, einer Prinzessin, die von irgendeinem bösen Zauberer in die Pflanze Rosmarin verwandelt worden ist. Aber meine Mutter kannte keine solche Geschichte. Auch sonst war niemand da, der mir davon hätte erzählen können.

Er stammt aus dem Mittelmeerraum, der *Rosmarinus officinalis*, der Apothekerrosmarin, der auch Meertau heißt, Balsamstrauch, Riechkräutlein, Weihrauchkraut, Hochzeitsblümchen, Kranzenkraut, Mariä-Reinigung, Brautkraut, Marienkraut, ja und Rosemarie. Er ist in allen Ländern rund ums Mittelmeer zuhause. Er wächst auf sonnigen Geröllhalden und Felshängen und wird dort, im Dunst des Mittelmeers, bis zu 1,80 Meter hoch. Draußen, auf dem Meer, kann man ihn schon riechen, manchmal kilometerweit.

Sein Duft war es, der für die alten Völker seine Faszination ausmachte. Eine Pflanze mit so starkem Duft musste ein kraftvolles Mittel gegen alles Unheil sein, gegen Krankheit und Dämonen. Man bekränzte Götter und Menschen damit und wenn man die Zweige ins Feuer warf, stieg duftender Rauch auf, der alle unangenehmen Gerüche vertrieb (Weihrauchkraut!).

Die Ägypter wussten den Rosmarin zu schätzen, die Juden, die Griechen und natürlich die Römer, bei denen der Rosmarin ein wichtiger Bestandteil war in der großen Menge von Kräutern, die sie in der Küche benutzten.

Für die Griechen war der Rosmarin die heilige Pflanze der Göttin Aphrodite, der Göttin der Schönheit und der Liebe, die auf Zypern dem Meer entstieg. Ich möchte gerne denken, dass im Rosmarin einer der Geliebten der Aphrodite weiterlebt. Sie schenkte ihre Liebe vielen, Göttern vor allem. Aber einmal, da war es ein sterblicher Mensch, Anchises. Er hütete auf dem Idragebirge Ziegen, als Aphrodite ihn sah. Der Vater der Götter, Zeus, war zu diesem Zeitpunkt schlecht auf die Tochter Aphrodite zu sprechen. Sie hatte sich über die Göttermänner und vor allem ihn, den obersten Gott, lustig gemacht, weil sie wie dumme Toren bei jeder geringsten Gelegenheit ihr, der Göttin der Liebe, verfielen.
Und darum kam Zeus auf den heimtückischen Gedanken, Aphrodite sich in einen Sterblichen, eben diesen Anchises, verliebt zu machen, sie selbst die Schwäche der Verliebten erleiden zu lassen. Und so geschah es. Aphrodite erschien dem Anchises als ein wunderschönes Mädchen, und aus der Umarmung der beiden wurde ein Sohn geboren: Äneas. Als Anchises merkte, wer seine Partnerin war, erschrak er zutiefst, denn er kannte das Schicksal der Sterblichen, die eine Göttin geliebt hatten. Aphrodite schwor, es ihm nicht zu vergelten, wenn er seinen Mund hielte und nie darüber spreche. Das ging lange Zeit gut, bis dann der alternde Anchises, er war inzwischen König geworden, wie es so geht, trunken von Wein und von sich selbst, vor seinen Trinkkumpanen mit der göttlichen Geliebten angab. Aphrodite verließ ihn und damit verließ ihn auch sein Glück. Er wurde alt, und ich könnte mir denken, dass ihn Aphrodite in die herbduftende Rosmarinpflanze verwandelt hat als den einzigen Sterblichen, der die Liebe einer Göttin überlebte und schließlich doch sterben musste. Symbol für die Liebe und für die Vergänglichkeit des Lebens.

Merkwürdig ist, dass bis in unsere Zeit der Rosmarin im Volksbrauch eine wichtige Rolle spielt. Brautleute trugen und tragen manchmal noch Rosmarinzweige als Schmuck. Früher war es üblich, diesen Zweig in die Erde zu stecken, und wenn er Wurzeln schlug, so war das ein Zeichen, dass die Ehe glücklich sein würde. Am Hochzeitsabend, bevor die Brautleute sich zurückziehen, wird dem Bräutigam ein Rosmarinkränzchen aufgesetzt. Wenn die Braut dieses Rosmarinkränzchen ihrem Bräutigam herunternimmt, so wird sie die Herrschaft im Haus haben. Nimmt er es selbst herab, dann er. Die Braut schiebt dem Bräutigam heimlich ein Rosmarinzweiglein unter das Hutband, damit ihr künftiger Mann ihr treu bleibt. An einigen Orten hat die Braut ein Rosmarinzweiglein in der rechten Schuhspitze und macht mit dieser, wenn sie über die Schwelle des künftigen Hauses tritt, drei Kreuze. Fällt während der Trauung dem Bräutigam das Rosmarinsträußchen herunter, so ist das ein schlechtes Zeichen für die künftige Ehe. Wenn die Rosmarinzweige der Trauzeugen während der Trauung welk werden, so bedeutet das, dass diese ein unsittliches Leben führen.
In England soll ein gut gedeihender Rosmarin anzeigen, dass die Frau des Hauses ein strenges Regiment führt. Es soll schon Ehemänner gegeben haben, die deswegen heimlich die Wurzeln des Rosmarinstrauches abgeschnitten haben, damit er eingeht oder wenigstens kränkelt.

Liegt ein Schwerkranker im Haus, so zeigt ein blühender Rosmarinstrauch baldige Genesung an, geht der Strauch aber ein, dann bedeutet das Tod.
In Bayern sagt man bei einer Schwangerschaft, wenn der Rosmarinstock blüht unmittelbar vor der Geburt, wird es ein Bub, wenn er sichtlich erst nach der Geburt blühen wird, dann wird es ein Mädchen. Aber derlei ist ja seit der Erfindung der Ultraschalluntersuchung überholt.
Bleibt noch anzumerken, dass man in Belgien sagt, die Kinder kämen aus dem Rosmarinstock.
Aber auch mit dem Tod hat der Rosmarin zu tun.
Bei Shakespeare kommt er zweimal als Totenblume vor: in Romeo und Julia und in Hamlet. In manchen Gegenden werden Rosmarinzweige in den Sarg gelegt, und die Sargträger haben Rosmarinzweige in den Händen und die Trauergemeinde Rosmarinzweige im Gebetbuch.
Schon im Altertum war der Rosmarin wegen seiner Heilkraft bekannt. Hippokrates erwähnt ihn. Dioskurides nennt ihn erwärmend und ein Mittel gegen die Gelbsucht.
Der Rosmarin wurde wahrscheinlich von den Römern zu uns gebracht. Karl der Große ließ ihn in seine Gärten pflanzen, und die Mönche taten es ihm nach.
Im Mittelalter jedenfalls stand der Rosmarin als Heilpflanze in hohem Ansehen. Er galt als Mittel gegen Epilepsie, Schlafsucht, Zittern, Lähmung, Krebs, Podagra, als Steigerer der Fruchtbarkeit und als Mittel gegen Krämpfe.
Berühmt wurde der Rosmarin durch eine merkwürdige Tinktur auf der Basis von frischen Rosmarinblüten, der *Aqua Reginae Hungariae*, das ungarische Königinnenwasser. Durch dieses Mittel wurde die gelähmte 72-jährige Königin Isabella von Ungarn von ihrer Gicht befreit und wieder so schön und jung, dass der König von Polen um ihre Hand anhielt.
1675 erschien von einem unbekannten Autor ein Büchlein mit 200 Kuren und Arzneien aus Rosmarin.
Sebastian Kneipp schreibt: »*Ich stelle Rosmarin unter die ersten Heilpflanzen als wahren Herzstärker.*«
Der Kräuterpfarrer Künzle nennt den Rosmarinwein eine vorzügliche Herzstärkung und ein Mittel gegen Gelbsucht und Herzwassersucht. Dazu zerhackt man frische Rosmarinzweige und lässt sie acht Tage in Weißwein ziehen. Davon trinke man täglich zwei Gläser ein bis zwei Monate lang. Das helfe bei Herz- und Leberleiden, Wassersucht und »fallendem Weh« . Bei geschwollenen Mandeln helfe täglich das Gurgeln mit Rosmarinwein. Man legt nach Pfarrer Künzle Rosmarinzweige in ein gutes Speiseöl und erhalte so ein vorzügliches Einreibungsmittel bei Gicht und gelähmten Gliedern.
Wenn die Luft im Krankenzimmer verdorben sei und stickig, dann soll man sie dadurch reinigen, dass man Rosmarinzweige auf glühenden Kohlen verbrennt.

Jean Valnet sagt, innerlich wirke Rosmarin allgemein anregend, das Herz kräftigend, die Nebennierenrinde stimulierend, blutdrucksenkend, magenstärkend, antiseptisch, gegen Durchfall und Gärungsprozesse, gegen Blähung, Rheuma und Gicht lindernd, den Gallenfluss fördernd, die Monatsblutung beschleunigend, die Gehirntätigkeit fördernd, harn- und schweißtreibend, gegen Impotenz.
Äußerlich bei Wunden, Rheuma, Muskelschmerzen, Krätze, Haarausfall, Erschöpfungszuständen.
Man nimmt innerlich jeweils eine Tasse Rosmarintee vor oder nach den Mahlzeiten. Dazu wird ein Teelöffel Blätter oder Blüten mit einer Tasse kochendem Wasser übergossen und 10 Minuten ziehen gelassen. Man kann auch drei bis vier

Tropfen des Rosmarinöls zwei- bis dreimal täglich in etwas Honig einnehmen.

Äußerlich verwendet man Kompressen, die man mit folgendem Aufguss nach dem Abkühlen herstellt: Eine Hand voll Rosmarinblätter wird 10 Minuten in 1 l Wasser gekocht (wirkt auch bei Gelenkrheumatismus).

Der gleiche Sud wird auch zur Behandlung von Wunden verwendet.

Vorsicht: Rosmarinessenz (Öl) in überhöhter Dosis kann zu epileptischen Anfällen führen.

Ein mittelalterlicher Autor schreibt: »*Roßmarin gehöre in die Küchen, Keller und Apotheken, darumb dass alle Speiß und Tranck mit Rosmarin bereitet, lieblich und wohl schmecken.*«

In der Tat spielt Rosmarin als Würzkraut in der Küche eine gewichtige Rolle. Es ist eines der intensivsten Würzkräuter überhaupt. Darum sollte man mit ihm auch entsprechend vorsichtig umgehen. Denn es kann leicht sein, dass ein Zuviel an Rosmarin den Geschmack übertönt, den er eigentlich hätte unterstreichen sollen.

Frischer Rosmarin entfaltet seine Würzkraft am besten, wenn man ihn mitkocht oder mitbrät. Rosmarin ist die typische Würze der italienischen und der provenzalischen Küchen. Fisch, Kalbfleisch, Lamm, Wild, Geflügel, Gemüse; ob Aubergine oder Zucchini, Kartoffeln, Pilze, aber auch Pizzen und Salate haben dort das feine Rosmarinaroma.

In Griechenland habe ich Rosmarinkartoffeln kennen gelernt, die folgendermaßen zubereitet werden: Man schält Kartoffeln und schneidet sie der Länge nach in Schnitze, die man auf ein Backblech nebeneinander setzt. Dann werden sie mit Salz bestreut und mit Rosmarinnadeln. Zum Schluss tropft man Olivenöl darüber und gibt das Blech für ca. 1/2 bis 3/4 Stunde in den auf 180 Grad vorgeheizten Backofen. Diese Kartoffeln schmecken zu einem Salat oder ganz einfach zu einem Glas griechischen Wein.

Aber nicht nur am Mittelmeer schätzt man den Rosmarin, auch bei uns ist er bei vielen Fleischspeisen vom Braten bis zur Wurst ein beliebtes Gewürz. Getrockneter Rosmarin gehört als Gewürz zur Grundausstattung jeder Küche.

Zu seiner Würzkraft kommt natürlich auch seine Heilkraft, sein anregender Einfluss auf Magen, Darm und Galle, was vor allem bei fetten Speisen von großem Vorteil ist.

Kultur

Der Rosmarin ist ein Strauch, der in der Mittelmeerheimat bis zu 1,80 Meter hoch werden kann. Bei uns erreicht er im Höchstfall 90 cm. Während er in seiner Heimat ausdauernd ist, übersteht er bei uns selten den Winter. Er hat nadelähnliche Blätter, die auf der Oberseite dunkelgrün glänzen und auf der Unterseite filzig und weiß sind. Im Frühjahr und im Frühsommer blüht er blassblau. Im Garten verlangt er volle Sonne und gedeiht am besten auf einem lockeren Boden. Nassen Boden mag er nicht.

Man kann Rosmarin natürlich auch aus Samen ziehen. Dies ist aber eine äußerst langwierige Angelegenheit. Bis sich ein Sämling voll entwickelt hat, vergehen drei Jahre. Deshalb kauft man in der Regel eine junge Pflanze beim Gärtner.

Rosmarin kann aber auch durch Triebstecklinge vermehrt werden: Man schneidet eine Triebspitze von etwa 10 cm Länge ab, entfernt am unteren Ende die Blätter und setzt diesen Steckling in Sand, bis er angewurzelt ist. Dies dauert allerdings einige Zeit. Man kann auch einen unteren Trieb der Pflanze am Boden festmachen, sodass er Wurzeln treibt und eine neue Pflanze entwickelt.

Am besten pflanzt man Rosmarin in einen Kübel, den man im Winter ins Haus nehmen kann. Der Rosmarin wird in Blumentopferde gepflanzt. Der Topf darf verhältnismäßig eng bemessen sein, denn der Rosmarin gedeiht am besten, wenn seine Wurzeln mit beschränktem Raum auskommen müssen. Wo der Rosmarin einen günstigen warmen, geschützten Platz hat, sodass er im Freien überwintert, sollte man ihn mit Tannenreisig abdecken. Holt man ihn im Kübel ins Haus, dann braucht er einen hellen, kühlen, aber frostfreien Platz. Er wird nur wenig gegossen. Der Wurzelballen sollte allerdings nicht austrocknen.
Einzelne Blätter können während des ganzen Jahres gepflückt werden. Beim Ernten der Blätter muss aber auf die Größe der Pflanze Rücksicht genommen werden.
Man kann Rosmarin trocknen. Er behält auch getrocknet sein starkes Aroma. Zum Trocknen werden die Blätter unmittelbar vor der Blüte geschnitten und an einem dunklen, gut belüfteten Ort getrocknet. Anschließend kommen sie in einen luftdichten Behälter.

Thymian

Er heißt offiziell *Thymus vulgaris*. Gartenthymian, Edelthymian, Welscher Quendel nennt ihn das Volk. Jungferndemut heißt er in Unterfranken und Wostkrut im deutschen Norden auf Plattdeutsch, das hat mit Würsten zu tun, die mit ihm gewürzt werden. Und dementsprechend Kuttelkraut in Niederösterreich.
Das ist der Thymian, der in den Kräutergärten wächst, ein aufrechter Strauch mit einem besonders hohen Gehalt an Thymianöl. Von ihm gibt es mehrere Sorten. Einer davon ist der feine Zitronenthymian. Der Gartenthymian ist ein Fremdling bei uns. Er kommt vom Mittelmeer zu uns und verträgt keine Kälte.
Aber er hat einen Bruder, der draußen auf den Wiesen wächst, den niemand im Winter abdeckt und abdecken muss, der niedrig an der Erde entlang kriecht, vom Aroma her seinem feinen Bruder gleich ist, allerdings nicht gar so viel Thymianöl enthält. Das ist der *Thymus serpyllum*, der Feldthymian, Quendel, Feldkümmel, Gundling und Wurstkraut heißt.

In der Küche werden beide als Gewürz für Fleischgerichte, vor allem für Hammelfleisch verwendet. Auch Hackbraten, Fleischküchle, Leberknödeln gibt er eine besondere Note und einigen Wurstsorten, vor allem solchen der häuslichen Schlachtung. Er würzt Gemüseeintöpfe, Gemüse und wohl auch Salate. Thymian darf mitgebraten bzw. mitgekocht werden. Brät man zum Beispiel Hammelkoteletts, so gibt man getrockneten Thymian ins Bratfett. Der Thymian sollte dabei nicht verbrennen, er tut es allerdings auch nicht, wenn die Temperatur des Fettes auch zum Braten der Koteletten nicht zu heiß ist.
Für mich ist das Aroma des Thymian verbunden mit der Vorstellung einer Sommerwiese in den Bergen. Für mich duftet er nach Weite und nach Urlaub. Nicht zuletzt darum, weil sein Duft auch zum Mittelmeer gehört, ganz speziell zur Provence, in deren Küche der Thymian als eines der Herbes de Provence eine wichtige Rolle spielt. Ein Hauch von Rauch ist in dem Aroma des Thymian. Da leben die Lagerfeuer, die am Gard und an der Ardeche gebrannt haben vor unseren Zelten. Fernweh, Lust nach Abenteuer. Das Zusammensein mit Männern und Frauen, die das einfache Leben lieben und die Natur. Thymian.

Wie der Rosmarin gehörte der Thymian zu den Pflanzen, die Aphrodite, der Göttin der Liebe und der Schönheit, heilig waren. Aber während der Rosmarin dazu diente, die Statue der Schaumgeborenen an ihren Festen zu bekränzen, wurde bei solcher Gelegenheit der Thymian zu ihrer Ehre verbrannt. Und ich meine, da läge schon ein erheblicher Unterschied.

Lebt im Rosmarin der alte König Anchises weiter, der im Trunk und in der Geschwätzigkeit des Alters die Unsterblichkeit und die Liebe der Göttin verspielt hat, ist es vielleicht Ares, der Gott des Krieges, der olympische Geliebte der Aphrodite, der im Thymian präsent ist, kraftvoll, männlich.
Jedenfalls hat der Rosmarin im Gegensatz zum Thymian etwas Morbides, das sich auch darin ausdrückt, dass er zugleich Blume der Liebe und des Todes ist.
Natürlich hatte der Thymian, der Quendel, von altersher Zaubereigenschaften, war stark genug, die bösen Geister zu bannen. Am Fronleichnamstag wurden in der Kirche Thymiankränze geweiht, die im Keller und im Stall die Hexen abzuwehren hatten und auf dem Speicher den Blitzschlag. Sammelt man den Quendel am Sonnwendtag oder zwischen Mariä Himmelfahrt (15. 8.) und Mariä Geburt (8. 9.), im so genannten Frauensommer, der vor dem Altweibersommer kommt, dann schützt dieser Quendel das Vieh vor Krankheit und lässt die Milch reichlich und fett fließen.
Auch den brütenden Hennen und Gänsen legt man ein Quendelzweiglein unter, weil dann die Küken leichter schlüpfen.
Der geweihte Quendel vom Fronleichnamstag hilft auch den Kranken, denen man einen Zweig unter den Kopf legt, und die Braut trägt davon im Mieder. Legt sie einen Zweig in den rechten Schuh während der Trauung, so wird ihr künftiger Ehemann ihr treu bleiben. Wird man vom Teufel verfolgt, so muss man sich rasch auf einen Thymianstock setzen, denn dann kann einem der Teufel nichts Böses tun.

Zu den Kräuterbündeln, die an Mariä Himmelfahrt in der Kirche geweiht werden, gehört unbedingt der Quendel oder Thymian. Er heißt auch Marienbettstroh, weil nach einer alten Legende die Mutter Gottes auf dem beschwerlichen Weg nach Bethlehem auf einem Lager von Thymian geschlafen hat.
Der Thymian ist überhaupt ein rechtes Frauenkraut. Er wurde den Gebärenden ins Bett gelegt und Thymian, der am Johannistag, mittags um zwölf gesammelt wurde, wurde als Tee der jungen Mutter bei der Geburt gereicht. Auch stillende Mütter tranken diesen Tee.
Der Quendel hat aber auch noch eine andere Seite. Wenn man einen Thymianzweig nimmt, ihn dreimal um den Kopf schwingt und dabei sagt »*Quandel, mach mir Handel*«, dann hat man bei seinen Geschäften Glück.

Als im frühen Mittelalter die deutschen Ritter ins Heilige Land zogen, um auf einem Kreuzzug die Ungläubigen von den heiligen Stätten zu vertreiben, da gaben ihnen ihre Frauen Tücher mit, auf die sie Thymianzweige und Bienen gestickt hatten. Thymianzweige, damit sie ihnen treu blieben, und Bienen eigentlich aus dem gleichen Grund, galt doch die Biene im Mittelalter als ein Lebewesen, das ohne Sexualität entsteht. Man meinte, Bienen würden aus Aas hervorgehen.
Der Dichter Friedrich Spee hat das im 18. Jahrhundert so ausgedrückt: »*Sie häufig sich vermehren, doch keusch, ohn Heyrath sein, ohn Lieb sie sich beschweren, mit süßen Kinderlein*«.

Überhaupt Thymian und Bienen. Es gibt Leute, ich zum Beispiel, die schwören auf Thymianhonig. Sein Duft und sein Geschmack sind einzigartig. Der Beste, den ich kenne, kommt von der Südküste Kretas, wo in der so genannten Sfakia die afrikanische Sonne mit aller Kraft auf die Thymianbüsche brennt. Dieser Honig ist weniger süß als anderer Honig und enthält die ganze Kraft dieser sonnendurchglühten Pflanzen. Ein besonderer Genuss ist es, diesen Honig über Schafsmilchjoghurt zu gießen und diesen dann zu essen. »Yaourti me meli«, eine der besten griechischen Nachspeisen.

Auch in Attika, am Berg Hymettos, bei Athen wächst seit der Antike der Thymian in großer Menge, und die Bienen bringen den Thymianhonig ein.
»Konele«, sollen die Griechen den Thymian genannt haben, und dieses sei der Ursprung des deutschen Wortes Quendel.
Die Ägypter kannten und benutzten den Thymian. Sicher haben sie mit ihm gekocht und haben seine Heilwirkungen gekannt. Thymian gehörte zu den duftenden Kräutern, die beim Einbalsamieren eine Rolle spielten.
Die großen griechischen Ärzte, Hippokrates zum Beispiel, Galenus und Dioskurides rühmen ihn. Er helfe bei Asthma und bei Keuchhusten. Er rege die Nieren an und die monatlichen Blutungen der Frauen. Er heile Geschwülste, entferne Warzen, sei gut für die Augen.
Wahrscheinlich wurde der Gartenthymian von den Benediktinermönchen im 11. Jahrhundert nach Mitteleuropa gebracht. Von den Klostergärten kam er im Laufe der Zeit in die Gärten der Bauern, die allerdings den wilden Thymian, den heimischen Quendel, seit altersher kannten und als Würz- und Heilkraut benutzten.
Thymian ist ein schleimlösendes Mittel, für Magen und Lunge, mit starker antiseptischer, das heißt fäulnisverhindernder Wirkung. Aus der Pflanze gewinnt man durch Destillation das Thymianöl, das bei Einreibungen und Bädern Anwendung findet. Allerdings, 6 Gramm des reinen Thymol töten einen Menschen. Darum darf das reine Thymol, das ein wesentlicher Teil des Thymianöls ist, nur vom Arzt verordnet werden. In kleinen Mengen wirkt es beruhigend und krampfstillend, in mittleren schmerzstillend und einschläfernd.

In neuerer Zeit wird die schreckliche Krankheit Lepra mit einer Mischung von Thymol und Sesamöl mit Erfolg behandelt. Thymol wirkt auch als 2%ige Salbe äußerlich gegen Gelenkrheumatismus.
Thymiantee wirkt bei Erkrankungen der Luftwege, bei Asthma, Keuchhusten, Lungenentzündung, außerdem bei Erkrankungen des Magens und des Darms, besonders bei Krämpfen und Koliken, bei Unterleibskrämpfen, bei Nieren- und Blasenkrämpfen, bei Blinddarmreizungen, Fieber und bei Störungen der monatlichen Blutungen der Frauen.
Zur Teeherstellung überbrüht man 1 Teelöffel trockenes Kraut oder 1/2 Teelöffel frisches Kraut mit einer Tasse kochendem Wasser. Man lässt drei bis fünf Minuten ziehen und seiht dann ab. Man trinkt zwei bis drei Tassen am Tag schluckweise. Thymiantee mit viel Honig ist ein nervenstärkendes Getränk, das auch bei körperlicher Schwäche hilft.
Man gurgelt Thymiantee bei Kehlkopf- und Mandelentzündung, bei Heiserkeit und Reizhusten.
Ich kenne kalten Thymiantee als ein erfrischendes Getränk, das die einfachen Leute im Tessin im Sommer trinken.
Thymianbäder helfen bei Rachitis der Kinder, Nervenschwäche, Rheuma, Lähmungen, Schwellungen und Verrenkungen.
Der Kräuterpfarrer Künzle empfiehlt Thymian bei Magenverschleimung, Magenbrennen, Beschwerden der Leber und der Gedärme, er reinigt die

Lungen vom Schleim und er hilft, wenn man schlecht verdauliche oder verdorbene Speisen gegessen hat.
Jean Valnet nennt als Eigenschaften des Thymians, innerlich eingenommen, allgemein anregend, nervenstärkend, intelligenzfördernd, aphrodisisch, appetitanregend, blutdruckerhöhend, krampflösend, magenstärkend, auswurffördernd, antiseptisch (Verdauungstrakt, Lunge, Genitaltrakt, Harnwege), bei Infektionskrankheiten die Bildung der weißen Blutkörperchen anregend, harntreibend, schweißtreibend, den Beginn der Monatsblutung fördernd, blähungsbekämpfend, leicht betäubend.
Äußerlich antiseptisch und bakterienbekämpfend, giftbekämpfend, fäulnisverhindernd, wundheilend, rheumabekämpfend, parasitenbekämpfend. Er nennt den Thymian eines der besten Mittel gegen Erkältungskrankheiten.

Kultur

Der Gartenthymian bildet bis zu 40 cm hohe Sträucher, die stark verholzen. An seinen stark verästelten Zweigen sind schmale Blättchen, die an der Unterseite einen Pelz haben und deren Rand ein wenig eingerollt ist. Der Thymian blüht vom Mai bis in den Herbst rosa oder malvenfarbig. Auch der Thymian braucht im Garten einen trockenen, sonnigen Platz. Im Übrigen ist er mit den kargsten Bodenverhältnissen zufrieden.

Man setzt ihn entweder in den Steingarten, oder man baut ihm im Kräutergarten einen kleinen steinigen Platz. Kein Dünger! Höchstens etwas Kompost. Thymian wird ab April ausgesät. Die Samen werden nur mit wenig Erde bedeckt. Wenn die Pflänzchen aufgegangen sind, was sehr lange dauern kann, werden sie mit etwa 20 cm Abstand gepflanzt.

Damit aus einem Sämling eine entwickelte Pflanze wird, braucht es zwei Jahre. Darum ist es auch beim Thymian empfehlenswert, sich eine junge Pflanze beim Gärtner zu kaufen.
Es gibt zwei Sorten. Der französische oder Sommerthymian mit silbergrauen Blättern und niedrigem Wuchs. Er ist allerdings frostempfindlich. Im Gegensatz dazu ist der deutsche oder Winterthymian widerstandsfähiger.
Der Thymian muss im Frühjahr beschnitten werden. Man sollte etwa die Hälfte dessen, was er im vorausgegangenen Jahr zugelegt hat, zurückschneiden, damit er zu neuem Wachstum angeregt wird.
Nach einigen Jahren verlieren Thymianpflanzen an Aromaintensität. Man muss sie daher durch junge Pflanzen ersetzen. Dies kann durch die Teilung älterer Exemplare oder durch Triebstecklinge geschehen.
Blätter können jederzeit gepflückt werden. Für einen Wintervorrat schneidet man die Triebe kurz vor der Blüte ab und hängt sie gebündelt zum Trocknen auf. Die trockenen Blätter werden vom Stängel gestreift und in einem luftdichten Behälter aufbewahrt.
Die Blüten kann man für Duftkissen oder Potpourris trocknen. Blätter und Blüte halten auch getrocknet ihr Aroma.

Auch der Thymian eignet sich für die Fensterbank oder den Balkon. Entsprechend seiner Vorliebe für kargen Boden vermischt man normale Blumenerde mit grobem Sand und pflanzt eine Thymianpflanze hinein.
Will man buschige Pflanzen haben, so muss man die Triebspitzen regelmäßig abschneiden.

Gegossen wird, wenn die Pflanze trocken hat. Allerdings darf die Erde nicht durchnässt werden.

Hackbraten-Schnitten mit Majoran

1. 4 Brötchen ohne Rinde, in Wasser eingeweicht, ausgedrückt, mit einer Gabel fein zerdrückt
500 g gehacktes Kalbfleisch
500 g gehacktes Schweinefleisch
500 g gehacktes Rindfleisch
500 g Bratwurstbrät
3 EL Majoran, fein geschnitten
4 mittelgroße Zwiebeln, fein gehackt
2 Knoblauchzehen, gepresst
5 Eier
Salz, Pfeffer

2. 3 Gewürzgurken, in Streifen geschnitten
200 g Cocktailtomaten, halbiert

Alle Zutaten von 1. gut miteinander vermengen (am besten mit den Händen), auf ein gefettetes Kuchenblech streichen. Im auf 220°C vorgeheizten Backofen 1/4 Std. braten, dann 5 Min. übergrillen. Wer keinen Grill hat, stellt den Backofen für weitere 10 Min. auf 250°C. Vor dem Servieren in beliebig große Quadrate schneiden. Jedes Quadrat mit Gewürzgurken und/oder Cocktailtomaten belegen. Auf Bauernbrot-Scheiben servieren.

Hackbratenschnitten mit Majoran

Tabuleh

1. $1/_4$ l Gemüsebrühe
125 g Bulgur (vorgegarter Hartweizengrieß, im Reformhaus erhältlich)
2. 3 mittelgroße Tomaten, in Würfel geschnitten
1 grüne Pfefferschote, Kerne entfernt, in feine Streifen geschnitten
2 Frühlingszwiebeln, in 1 $1/_2$ cm dicke Rädchen geschnitten
2 Bund Petersilie, zerzupft
2 Zweige Pfefferminze, zerzupft
Saft von 2 Zitronen
evtl. 2 Zweige Koriander, zerzupft
4 EL Olivenöl
3. einige Salatblätter
Oliven

Die Brühe aufkochen, den Bulgur einrühren. Zugedeckt 15 Min. quellen lassen.
Die Zutaten von 2. nach und nach zum Bulgur mischen. Die Salatblätter auf einer flachen Platte oder auf 4 Salattellern verteilen. Das Tabuleh darauf geben. Mit den Oliven garnieren.

Tabuleh

Ofenkartoffeln mit Kräutern

1 kg Kartoffeln, möglichst gleich groß, ganz gründlich gewaschen, nicht geschält, der Länge nach halbiert
2 EL Sonnenblumenöl
Salz
Rosmarinnadeln
Majoranblättchen, grob gehackt
Thymianblättchen
Estragon, grob geschnitten
Salbeiblätter, grob geschnitten

Die Kartoffeln auf ein gefettetes Kuchenblech legen. Die Oberfläche mit Öl bepinseln, mit Salz und einem der verschiedenen Kräuter bestreuen. Im auf 200°C vorgeheizten Ofen ca. 20 Min. backen.
Gurken- oder Tomatensalat dazu reichen.

Ofenkartoffeln mit Kräutern

Kräuterschnecken

1. Teig:
1/2 Hefewürfel (20 g) oder
1 Briefchen Trockenhefe
3 EL Wasser
500 g Weißmehl oder Ruchmehl (Typ 405 oder 1050)
2 TL Salz
2. 2 Knoblauchzehen, gepresst
4 EL Olivenöl
gut 400 ml Wasser
3. Belag:
500 g Schinken, gekocht, ganz fein gehackt
2 EL Rotweinessig
3 EL Wasser
4 Bund Petersilie, fein gehackt, oder gleiche Menge Kräuter, z. B. Zitronenmelisse, Schnittlauch, Oregano, Salbei, Rosmarin
1 Ei

Die Hefe mit dem Wasser auflösen (entfällt bei Trockenhefe), ca. 10 Min. stehen lassen. Unterdessen das Mehl in eine Schüssel sieben. In der Mitte des Mehls eine Vertiefung machen. Das Hefe-Wasser-Gemisch hineinschütten, etwas Mehl dazurühren. 1/4 Std. stehen lassen. (Vorteig entfällt bei der Verwendung von Trockenhefe, die man einfach zum Mehl mischt).
Das Salz dem Schüsselrand entlang beigeben. Knoblauch und Öl dazugeben, dann nach und nach das Wasser unterarbeiten. Zuerst das Backhorn (Teigschaber), später die Hände dazu verwenden. So lange kneten, bis sich der Teig von der Schüssel löst. Eine Kugel daraus formen. Diese zurück in die Schüssel legen und – mit einem feuchten Tuch bedeckt – 1 1/2 Std. gehen lassen.
Für den Belag den Schinken ohne Fettzugabe andämpfen. Essig und Wasser, dann die Kräuter beigeben, einige Min. durchdämpfen. Auskühlen lassen, dann das Ei dazurühren.
Den Teig nochmals gut durchkneten. Mit dem Teigroller eine ca. 2 cm dicke, rechteckige Platte ausrollen. Den Belag darauf verteilen. Eine Rolle formen. Diese 1 Std. kühl stellen. Davon ca. 1 1/2 cm dicke Scheiben abschneiden. Diese mit etwas Abstand auf zwei mit Backpapier belegte Kuchenbleche legen. Nochmals 1/2 Std. gehen lassen. Im auf 200°C vorgeheizten Ofen ca. 25 Min. backen.
Schmecken besonders gut mit Tomaten- oder grünem Salat.

Kaninchen-Ragout mit Kräutern

1. 4 EL Olivenöl
1 Zwiebel, fein gehackt
1 Karotte, in Rädchen geschnitten
1 Stangensellerie, in Streifen geschnitten
1 Knoblauchzehe, gepresst
2 Nelken
1 Lorbeerblatt
2 Zweige Basilikum
1 Bund Petersilie
2 Oregano-Zweige
2 Rosmarin-Zweige
4 Thymian-Zweige
1 Salbei-Zweig
2. 1/4 l trockener Rotwein
4 EL Rotweinessig
3. 1 Kaninchen, in Ragoutstücke zerteilt
2 EL Olivenöl
Salz, Pfeffer
die gleiche Menge Gewürzkräuter wie oben
4. 1/4 l Fleischbrühe
1 EL Butter
5. 1 EL Marsala
2 EL Pinienkerne

Das Öl erhitzen, die Zwiebel darin andämpfen, die restlichen Gemüse und die Kräuterzweige beigeben. Zugedeckt einige Minuten dämpfen, mit den Zutaten von 2. ablöschen. Zugedeckt 1/2 Std. köcheln lassen. Auskühlen, abseihen, die Marinade über das Fleisch geben. Zugedeckt 24 Std. stehen lassen. Gelegentlich umrühren.

Das Fleisch auf Küchenpapier trocken tupfen.
Das Öl von 3. erhitzen. Die Fleischstücke portionenweise darin anbraten, würzen. Auf kleinem Feuer weiterbraten. Die frischen Kräuter dazulegen. Mit etwas Marinade angießen. Zugedeckt auf kleinem Feuer ca. 3/4–1 Std. garen, dabei immer wieder etwas Marinade beigeben. Die garen Fleischstücke auf einer gewärmten Platte anrichten, warm stellen.
Zum Bratenfond die Zutaten von 4. geben, einige Minuten köcheln, evtl. nachwürzen. Die Zutaten von 5. dazurühren, nochmals aufkochen. Die Sauce über das Fleisch anrichten.
Am besten schmecken Polenta oder Kartoffelpüree dazu und frische oder gedörrte grüne Bohnen.

Kräuteressig

1. *1 l Weißweinessig*
   4 Zweige Zitronenmelisse
   5 Zweige Thymian
   1 Zweig Rosmarin
   1 Bund Petersilie
   1 Lorbeerblatt
   5 Pfefferkörner
   1 Chilischote
2. *1/2 TL Salz*
   1/2 TL Zucker
   2 EL Wasser

Den Essig in eine Weithalsflasche füllen. Die restlichen Zutaten von 1. dazu stecken. Verschlossen 1 Woche an der Sonne stehen lassen. Abseihen. Die Zutaten von 2. miteinander verrühren, bis sich Zucker und Salz aufgelöst haben. Zum Essig geben. Alles durch einen angefeuchteten Kaffeefilter passieren.
In gut verschließbare Flaschen abfüllen.

Gewürze

von Werner O. Feißt

Muskat

Was wäre eine Nudelsuppe ohne Muskat, was ein Kartoffelbrei? Könnte man irgendeine weiße Sauce überhaupt essen oder Erbsen, Schwarzwurzeln gar? Hätte ein Fondue Charakter oder ein Raclette? Nein, ohne Muskat keine auch im Ansatz feine Küche! Beim Pfeffer heißt es, dass er nach dem Salz das wichtigste Gewürz sei, aber dicht gefolgt wird er, was die Rolle in der Küche betrifft, vom Muskat.

Meine Mutter hatte einen merkwürdigen kleinen Gewürzkasten. Der sah aus wie ein Schrank. Er war etwa 30 Zentimeter hoch, hatte oben Verzierungen wie unsere alte Kuckucksuhr und besaß sechs Schubladen. Diese Schubladen hatten auf der Außenfläche je ein Emailschild mit einer wunderschönen Aufschrift. »Zimt« stand da, auf einem anderen Schild stand »Nelken«, auf einem dritten »Vanille«, auf dem vierten »Anis«, schließlich »Pfeffer« und »Muskat«.
Ich konnte die Schriften noch nicht lesen, als mich das Schränkchen zu interessieren begann. Ich musste mir einen Küchenhocker an das Büffet schieben und hinaufklettern, damit ich an das Schränkchen kam.
Das Schränkchen duftete geheimnisvoll und ich versuchte, die einzelnen Düfte der jeweiligen Aufschrift, die mir meine Mutter immer wieder vorlesen musste, zuzuordnen.
Ich zog die Schublädchen heraus und roch hinein. Aber beim besten Willen: es roch alles gleich. Meine Mutter hielt sich mit ihren Gewürzen einfach nicht an die Aufschriften und hatte in jedem Schublädle einfach alles. Nein, es roch keinesfalls schlecht – im Gegenteil: Diese Mischung der gängigen Gewürze ergab einen einzigartigen, für mich unvergeßlichen Wohlgeruch. Viel später ist mir dieser Duft wieder begegnet, bei einem Gewürzhändler. Die Schublädchen hatten mitten im Emailschild ein kleines Loch und darin steckte ein kleiner Schubladenknopf. Und auf einer Seite des Schränkchens hing am obersten Schubladenknopf ein kleines Reibeisen. Es sah genau so aus, wie die großen Reibeisen, auf denen meine Mutter z. B. die Zitronenschalen und die Meerrettichstangen gerieben hat. Es war das Reibeisen für die Muskatnüsse, die in einer der Schublädchen aufbewahrt wurden – ich meine mich zu erinnern, es war die mit der Aufschrift »Anis«. Und die Muskatnüsse waren im übrigen Gewürzschränkle schon etwas besonderes. Da waren Tütle mit Zimt und Nelkenpulver, mit Vanillinzucker und Backpulver, mit Hirschhornsalz für die Springerle, da waren ganze Nelken und Zimtstangen ... und diese Nüsse. Wenn ich sie abgerieben habe mit dem Geschirrtuch und ein wenig mit einem Küchenmesser daran geschabt habe, dann haben sie ihren eigenen Duft gehabt: angenehm und süß und bitter und gewürzig. Sie haben mich fasziniert, diese Muskatnüsse. Und sie haben nach Ferne gerochen, nach Abenteuer auf fernen Inseln und nach Märchen: Sindbad der Seefahrer ließ grüßen.
Viel später habe ich dann die Bücher des großen griechischen Autors Kazantzakis gelesen. Die Geschichte seines Großvaters, der noch ein Pirat war und immer in seiner Hosentasche zwei Muskatnüsse mit sich trug, Erinnerung an die letzte

Beute aus einer venezianischen Galeere. Ich hab's mir eine Zeit lang angewöhnt, auch eine Muskatnuss in der Tasche zu haben, mich ein wenig als Pirat fühlend ... und den Kretern nahe.

Dabei ist die Muskatnuss gar keine Nuss. Obwohl der Baum, an der sie wächst, sogar Muskatnussbaum heißt, lateinisch *Myristica fragrans*, ist sie keine Nuss – es ist viel komplizierter. Er ist ein immergrüner, nicht allzu hoher Baum mit einer dicht belaubten Krone. Ursprünglich wuchs er auf den Molukken und den Bandainseln. Die Molukken – sie sind auf neueren Karten als Maluku eingetragen – und die benachbarten Bandainseln liegen zwischen Celebes, das heute Sulawesi heißt, und Neuguinea und wurden früher auch Gewürzinseln genannt. Daran waren die Muskatnussbäume natürlich mitschuld.

Die Botaniker sagen, der Muskatnussbaum sei zweihäusig. Und das heißt: Es gibt männliche und weibliche Bäume. Also haben die Blüten, die in den Blattachseln stehen – allein, zu zweit oder zu dritt und aussehen wie Maiglöckchen – entweder männliche Staubfäden oder weibliche Stempel. Und aus diesen wachsen im Lauf von etwa neun Monaten Früchte. Sie haben eine deutliche Ähnlichkeit mit Pfirsichen. Aber sie springen, wenn sie reif sind, auf. Dazu haben sie rundherum so etwas wie eine Naht. Dann kommt der Kern zum Vorschein. Der ist von einer leuchtendroten Haut umgeben, dem Samenmantel. Dieser fleischige Samenmantel ist das Kostbarste, was die Pflanze liefert: Getrocknet ist er ein besonders feines Gewürz. Er heißt Muskatblüte – obwohl er ja überhaupt nichts mit einer Blüte zu tun hat, der Begriff Blüte soll die delikate Feinheit dieses Gewürzes betonen – oder Macis. Sein Geschmack ist wie der der »Nuss«, nur eben feiner. Er enthält dieselben ätherischen Öle wie die »Nuss«, aber in höherer Konzentration und in etwas anderer Verteilung. Entsprechend teurer ist und war Macis. Unter dem Macis kommt der steinharte Kern. Der wird mehrere Wochen lang getrocknet, bis der eigentliche Same beim Schütteln zu klappern beginnt. Dann wird dieser Kern aufgeschlagen und der Same kommt zum Vorschein: die Muskatnuss, die keine Nuss ist. Zum Schutz gegen Schimmel und Schädlinge werden die »Nüsse« gekalkt. Bei manchen Autoren heißt es aber, das Kalken sei ursprünglich erfolgt, um die Samen keimunfähig zu machen. Denn den Kolonialherren, die sich den Muskathandel gesichert hatten, lag daran, das Monopol zu behalten.

Eines hat mich beschäftigt, seit ich von der merkwürdigen Frucht des Muskatbaumes weiß: Sie sieht aus wie ein Pfirsich, aber wie schmeckt sie? Das habe ich schließlich herausgebracht: Man kann Konfitüre daraus machen und sie als Pickles einlegen. Also muss sie wohlschmeckend sein, vielleicht sogar süß.

Und damit sind wir bei der keinesfalls friedlichen Geschichte der Muskatnuss. Im asiatischen Raum war das Gewürz lange schon bekannt. Die frühesten schriftlichen Zeugnisse stammen aus China und zwar aus dem zweiten Jahrtausend vor Christus. Muskat wurde aber nicht nur als Gewürz verwendet, sondern als Rauschmittel. In größeren Mengen wirkt nämlich Muskat ähnlich wie Haschisch. Den frühen Handel betrieben die Bewohner der Inseln wohl selbst. Von ihnen kauften in den Gewürzzentren Indiens später arabische Händler Nüsse und Muskatblüte und brachten sie über das indische Meer und die Karawanenstraßen Arabiens ans Mittelmeer. Und nun war der Weg auch nach Europa offen. Es mag im 9. Jahrhundert gewesen sein, dass das Gewürz europäische Küchen erreichte. Bei der Länge und

Schwierigkeit des Weges ist es kein Wunder, dass es entsprechend teuer war. Trotzdem wurde es im hohen Mittelalter neben Zimt, Nelken und Pfeffer zum beliebten Gewürz. Im Werk des Wolfram von Eschenbach ist vom Muskat die Rede. Und am Ende des 14. Jahrhunderts gibt es einen fahrenden Sänger der sich Muskatblüt nennt.
Es beginnt die Zeit der Entdeckungen. Indien suchen sie auf dem Seeweg. Einer der Hauptgründe ist: Sie wollen zu den Zentren des Gewürzhandels, sie wollen ihn in die Hand bekommen. Sie suchen die Länder, wo der Pfeffer wächst und der Zimt, die Nelken und der Muskat. Die Portugiesen finden den Weg, der afrikanischen Küste entlang immer nach Süden, um das Kap der guten Hoffnung herum, über den indischen Ozean nach Osten. Sie erreichen die Pfefferküste Malabar. Und sie finden schließlich auch die sagenhaften Gewürzinseln Banda und Ambon, wo die Muskatbäume wachsen. Es ist das Jahr 1512. Lissabon wird Haupthandelsplatz für Muskat und Macis. Portugal wird reich. Aber es ist zu klein, um sein jetzt riesiges Kolonialreich halten zu können. Holland und England nehmen ihm seine kostbaren Eroberungen weg. Die Holländer werden um 1600 die Herren der Gewürzinseln und des Muskathandels. Die Bewohner der Molukken wurden zu Sklaven gemacht. Auf dem Versuch, Samen oder Setzlinge der Muskatbäume woandershin zu bringen stand die Todesstrafe. 200 Prozent Gewinn kalkulierten die holländischen Kaufleute auf den Muskathandel. Wenn die Preise zu verfallen drohten, wurde die Ernte vernichtet, entweder im Anbaugebiet oder, wie 1775, indem man die Speicher in Amsterdam anzündete.

Einem Franzosen namens Pierre Poivre gelang es trotz aller Sicherheitsmaßnahmen, den Muskatnussbaum zu entführen und in den französischen Besitzungen anzupflanzen. So kam der Muskatbaum nach Westindien, wo er bis heute angepflanzt wird – wie in den meisten tropischen Gebieten der Welt.
Die besten Muskatnüsse aber kommen bis heute von den Molukken. Dort gibt es große Plantagen von Muskatbäumen. Die meisten sind weiblich, ein paar wenige männliche Bäume genügen für die Bestäubung. Hohe Canarienbäume geben Schutz vor zu viel Sonne und Wind.
Obwohl die Bäume das ganze Jahr über Früchte tragen, ist die Erntezeit nicht ohne Bedeutung. Nüsse aus der Märzernte sind die besten. Im Juli tragen die Bäume die meisten und die Nüsse aus dem November haben die geringste Qualität. Ein guter Baum trägt von seinem achten Jahr an, ab dem 15. Jahr erreicht er seine höchste Leistung. Von da an bringt er jährlich ca. 2000 Nüsse.

Eine Muskatnuss enthält etwa 7 bis 16% ätherische Öle. Hauptbestandteil ist ein Öl namens Myristicin. Myristicin ist eine recht gefährliche Substanz, sie ist in geringeren Dosen rauscherzeugend und in hohen Dosen giftig. Bereits das Myristicin einer halben Muskatnuss reicht unter Umständen aus, um einen Menschen zu töten.

Hauptverbraucher von Muskatnüssen und Macis ist heute Mitteleuropa. In den Niederlanden beträgt der Pro-Kopf-Verbrauch pro Jahr 60 Gramm, in Deutschland 25 Gramm und in der Schweiz 20 Gramm.
Muskatnüsse werden ganz oder als Pulver vertrieben. Da der geriebene Muskat sehr schnell sein Aroma verliert, empfiehlt es sich, ganze Nüsse zu kaufen und aufzubewahren. Im Bedarfsfall reibt man die benötigte geringe Menge mit einer Reibe ab. Macisstückchen sollte man erst vor dem Gebrauch im Mörser zerstoßen oder aber als Ganzes mitkochen und vor dem Servieren entfernen. Die Muskatnuss mit ihrem süßlich-bitteren,

würzig-scharfen Aroma wird in der Küche vor allem zum Würzen von Suppen, Saucen, Würsten, Fleischspeisen, Gemüse, Käse, Süßspeisen und Weihnachtsgebäck verwendet. Außerdem gibt es Liköre, die ihr Aroma dem Muskat mit verdanken. Muskatöl und Muskatblütenöl spielen schließlich in der Kosmetik, bei der Seifen- und Parfümherstellung und in der Medizin eine Rolle.
Muskat wirkt anregend bei Kreislaufbeschwerden und niedrigem Blutdruck, indem er zusammenziehend auf Gefäße und Gewebe wirkt. Muskat hilft bei Blähungen, steigert die Körperkräfte, stärkt den Magen und soll in größeren Mengen (Vorsicht!!) sexuell stimulieren und die Monatsblutung anregen. Muskat wird vor allem empfohlen, wenn Kinder Durchfall, Erkältung und leichtes Fieber haben. Schließlich wird Muskatöl zum Einreiben bei Zerrungen, rheumatischen Beschwerden, Kopfschmerzen und Neuralgie empfohlen. In Dosen von mehr als 5 bis 10 Gramm wirkt Muskat als Rauschmittel und verursacht Krämpfe, Übelkeit und Schwindelanfälle. Die Wirkung von Alkohol wird durch Muskat verstärkt!

Muskat

Nelken

Wahrscheinlich war der Venezianer Marco Polo der erste Westeuropäer, der ebenso den Muskatnussbaum wie den Nelkenbaum zu Gesicht bekam. In dem Buch »Il Milione«, das er im Gefängnis in Genua seinem Mitgefangenen diktierte, heißt es im 164. Kapitel unter der Überschrift 'Die große Insel Java': »Es wachsen dort der Pfeffer, die Muskatnuss, die Narde, die Galgantwurzel, der Kubebenpfeffer, die Gewürznelken und jedes teure und seltene Gewürz, das es auf Erden gibt.« Marco Polo hatte in den Jahren 1271 bis 1295 nicht nur China sondern auch den ostasiatischen Raum zwischen Taiwan und Indien bereist, vor allem die indonesische Inselwelt. Und dort auf den Inseln in der Javasee sind sie daheim, der Muskatnussbaum und der Nelkenbaum.
Bis dahin war es überhaupt ein Geheimnis, wo Muskatnussbaum und Nelkenbaum wachsen. Malaiische Händler brachten Muskat und Gewürznelke nach Indien, arabische Händler kauften sie dort und brachten sie nach Arabien und ans Mittelmeer. Und sie alle schwiegen auf die Frage »woher«, gaben keine oder ausweichende Antwort und erzählten fantastische Geschichten.
Der Gewürznelkenbaum, *Syzygium aromaticum*, gehört zu den Myrtengewächsen, *Mytaceae*. Es ist ein immergrüner Baum, der bis zu 20 Meter hoch wird. Er hat dunkelgrüne, glänzende, länglich eiförmige Blätter, die sich zum Stiel hin verjüngen. Er blüht mit roten Blütenböden und weißen Blumenblattkappen. Aus den Blüten entwickeln sich olivgrüne Früchte mit purpurfarbenem Fleisch, das meistens einen etwa drei Zentimeter langen Samen enthält. Sie waren früher als »Mutternelken« im Handel, hatten allerdings nur beschränkt Wert als Gewürz, wurden aber wie die Blattstiele des Baumes gemahlen und dem Nelkenpulver beigemengt. Mutternelken spielten allerdings in den magischen Manipulationen Ostasiens eine wichtige Rolle.

Das Gewürz, die Nelken, sind die Blütenknospen des Baumes. Sie werden entweder von Hand gepflückt oder mit Stangen vom Baum geschlagen. Sie sind rötlich, verfärben sich beim Trocknen an der Sonne braun, auch die vier Blütenblattansätze. Sie sind etwa 12 bis 18 Millimeter lang und haben die Form kleiner handgeschmiedeter Nägel. Daher der Name Nägelein, wie sie im Schwarzwald und in der Schweiz noch heute genannt werden. Mit den Blumen namens Nelken, den Gartennelken, den Lichtnelken usw. besteht keinerlei Verwandtschaft. Ihr Duft ist allerdings dem der Gewürznelke ähnlich.
Wie die Muskatnuss kamen Gewürznelken lange vor Christi Geburt nach China und Indien. Ihre wichtigste Rolle war aber weniger die eines Gewürzes als eines Heilmittels. Früh hatte man entdeckt, dass das in den Nelken enthaltene Nelkenöl (vor allem Eugenol) den Zahnschmerz zu lindern vermag. Man hat Nelken einfach gekaut. Das hatte noch einen anderen willkommenen Effekt: Mundgeruch wurde vertrieben. Nelkenöl spielt übrigens bis heute eine wichtige Rolle in der Hand der Zahnärzte. Und noch immer stillt ein Wattebausch getränkt mit Nelkenöl die Schmerzen eines kariesgeschädigten Zahnes auf der Reise, fern vom Zahnarzt. Etwa um die Zeitenwende erreichten die ersten Nelken das Mittelmeer. Alexandria, am Ende wichtiger Karawanenstraßen durch Arabien gelegen, wurde zum ersten Handelsplatz für Nelken. Aus Alexandria erhielten die Römer ihre Nelken. Sie würzten vor allem Geflügel mit dem exotischen Gewürz. Dieser Handel mit Nelken blieb über den Niedergang des Römischen Reiches hinaus bestehen. Im vierten Jahrhundert, so wird be-

richtet, schenkte der große Kaiser Konstantin dem Papst Silvester I. 150 Pfund Nelken. Welchen Wert muss das dargestellt haben! Bedenkt man die Länge des Weges von den fernen Gewürzinseln bis nach Rom, die vielen Händler, durch deren Hände das Gewürz ging, die vielen Schiff- und Karawanenführer, die das Gewürz transportierten, und die alle daran verdienen wollten, dann kann man sich den Preis vorstellen. Seit dem frühen Mittelalter war es dann Venedig, das den Handel mit Nelken im Westen kontrollierte. Venezianische Galeeren brachten das Gewürz aus den Häfen der Levante in die Lagunenstadt, wo es die Gewürzhändler Europas einkauften.

Die Kreuzzüge führten zu einer erheblichen Zunahme der Nachfrage. Nelken und Muskat waren der Luxus der Zeit. Damals waren die Nägelein, wie man sie nannte, die Nelken, Bestandteil von Wildgerichten der reichen Leute und von Lebkuchen.

Dann kam die Zeit der Entdeckungen. Der Weg nach Indien zu den Küsten der Gewürze war Ziel der Ausfahrt. Kolumbus meinte, er könne Indien erreichen, indem er westwärts fuhr, um die Welt herum. Und er entdeckte Land, Amerika, aber er glaubte bis er starb, Indien gefunden zu haben – das Land der Gewürze.

Die Portugiesen versuchten es schon vorher auf dem Weg nach Osten. Dazu hatte Heinrich der Seefahrer alles studiert, was es bis dahin an verlässlichen Berichten gab, hatte vor allem mit erfahrenen Arabern gesprochen. 1499 erreichen die Portugiesen Indien, 1512 bemächtigen sie sich der Gewürzinseln. Aber knapp 100 Jahre später verlieren sie diese an die Holländer. Und wie beim Muskat ging das Zentrum des europäischen Gewürzhandels, das während des ganzen Mittelalters Venedig war, jetzt von Lissabon nach Amsterdam über. Und wie bei den Muskatnussbäumen versuchten die Holländer auch das Anbaumonopol für Gewürznelkenbäume abzusichern.

Die Bewohner ganzer Inseln wurden ausgerottet, ebenso wie deren Nelkenbäume. Es wurde versucht, den Anbau der Nelken auf eine überwachbare Insel, Amboina, zu konzentrieren. Dazu kreuzten ständig Einheiten der holländischen Flotte zwischen den Inseln, um Nelkenschmuggler aufzubringen. Wer erwischt wurde, kam an den Pranger und dann auf Gefängnisinseln mit unmenschlichen Lebensbedingungen. Aber die Vögel scherten sich nicht um menschliche Gesetze. Sie trugen immer wieder Samen der Nelkenbäume auf andere Inseln. Also entsandte die holländische Armee Jahr für Jahr Soldaten auf die Inseln des indonesischen Archipels, um alle neu aufgegangenen Nelkenbäume auszureißen. 200 Jahre konnte das Monopol gehalten werden. Dann entführte der Franzose Pierre Poivre nicht nur Muskatnusssetzlinge sondern auch Nelkenbäume und brachte sie nach Mauritius und dann auch in die französischen Besitzungen in Südamerika. Das war 1770. Ehe es mit dem französischen Königtum 1789 zu Ende ging, konnte Poivre seinem König noch französische Nelken überreichen.

Auf die Insel Sansibar, die heute den höchsten Anteil am Nelkenexport hat, brachte 1793 ein Araber die ersten Nelkenbaumsetzlinge.

Neben Sansibar sind das ebenfalls zu Tansania gehörende Pemba, Indonesien mit den ehemaligen Gewürzinseln, Brasilien und Madagaskar die wichtigsten Nelkenlieferanten des Weltmarktes.

Nelken gibt es sowohl ganz als auch gemahlen. Da das Nelkenpulver relativ schnell sein Aroma verliert, ist es besser, ganze Nelken beim Kochen zu verwenden und diese vor dem Servieren gegebenenfalls zu entfernen.

Mit Nelken werden gewürzt: Braten – vor allem Schwein und Lamm, auch Sauerbraten, Zunge,

Nelken

Rouladen, Geflügel, Wild, Bratensaucen, Fleischsuppen, Rotkraut, Kompotte, Glühwein, Punsch, Marinaden, Weihnachtsgebäck.
Nelken wirken anregend, steigern die Durchblutung, sie regen den Appetit an, helfen beim Verdauen von fetten Speisen, ebenso bei Blähungen, Koliken, Übelkeit, Erbrechen.
Bei Kopfschmerzen inhaliert man Nelkenöl. Bei Erkältungen helfen Nelkentee oder Glühwein mit Nelken, beide sind auch Hausmittel bei gestressten Nerven, sie entspannen und vermindern Angstgefühle. Bei Heufieber und Schnupfen hilft ebenfalls ein Nelkentee. Aus Nelkenöl und Alkohol kann man ein Einreibemittel bei Rheuma und Arthritis herstellen. Ein Tee aus Nelken, Zimt und Ingwer hilft, eine schwere Mahlzeit zu verdauen. 15 Minuten ziehen lassen!

Die antiseptische Wirkung der Nelken war schon im Mittelalter bekannt. In Pestzeiten trugen die Ärzte Ketten von Nelken um den Hals, die sie bei der Untersuchung der Kranken in den Mund nahmen, um nicht angesteckt zu werden.

Die meisten Kräuterliköre enthalten Nelken, meist als Nelkenöl. Nelkenöl dient in der Medizin als Magenmittel, Antiseptikum und Anregungsmittel. In der Zahnmedizin ist Nelkenöl unentbehrlich.
Nelkenöl wird auch in der Parfüm- und Kosmetikindustrie verwendet.
40.000 Tonnen Nelken werden jährlich in Indonesien zur Herstellung der weit verbreiteten Kretek-Zigaretten verwendet.
Schließlich sind Nelken auch Bestandteil von Currys.

Ein Leinensäckchen mit Nelken soll im Kleiderschrank die Motten fern halten. Man kann auch eine Apfelsine dicht mit Nelken bestecken und diese Duftkugel im Raum aufhängen. Im Schrank aufgehängt, vertreibt auch sie die Motten. Man kann Nelken auch als Kette als Schutz vor Ansteckung um den Hals tragen.

Zimt

Das älteste schriftliche Zeugnis über Zimt stammt aus dem Jahr 2800 v. Chr. und zwar aus einem Kräuterbuch des chinesischen Königs Shen-Nung-Kwai. Vielleicht ist es die älteste Kunde von einem Gewürz überhaupt. Die schöne Hatschepsut, Witwe des Pharao Tuthmosis II., schickte in ihrer Regierungszeit, um das Jahr 1480 v. Chr., eine Handelsexpedition ins sagenhafte Land Punt, die von dort Zimt mitbrachte. So ist es kein Wunder, dass auch in der Bibel viele Hinweise auf Zimt enthalten sind.

Im zweiten Buch Moses wird das Rezept für ein heiliges Salböl gegeben: »Er redete zu Mosche, sprechend: Nimm du dir Balsame, Auszug, freientströmter Myrrhe fünfhundert, balsamischen Zimts die Hälfte, zweihundertundfünfzig, Balsamrohrs (Kalmus) zweihundertundfünfzig, Kassia fünfhundert: ein Vollgewicht des Heiligtums, dazu Olivenöl ein Krug voll. Mache es als ein Salböl der Heiligung.« Und Gott gibt Moses die Weisung, mit diesem Salböl das heilige Zelt, den heiligen Schrein, den heiligen Tisch und alle heiligen Geräte zu salben; auch Aaron und seine Söhne soll er damit salben als Priester des Herrn. Ein befreundeter Parfümeur hat mir die Mischung des Salböls hergestellt. Zimt war auch Bestandteil des Weihrauches, der im Tempel vor der Bundeslade, dem Sitz Gottes, brannte.

Zwei Wege gab es für den Zimt, in den Westen zu kommen: Die eine Sorte *Cassia*, chinesischer Zimt, kam über die jahrtausendealte Seidenstraße in den Nahen Osten und vielleicht war der Cassia schon in der Mitte des dritten Jahrtausend v. Chr. in den Städten am Euphrat und Tigris bekannt und kam von dort nach Ägypten. Babylon jedenfalls war ein wichtiger Fernhandelsplatz für den Zimt.

Der Zimt von der Insel Ceylon aber kam, so berichtet bereits Plinius, jedes Jahr durch mutige indische Kaufleute über das Arabische Meer. Sie bauten Flöße, beluden sie mit Zimt und ließen sich vom Wind und von den Meeresströmungen treiben, um in den Handelsstädten am Persischen Golf und an der Südküste Arabiens viel Geld zu erlösen für ihre Fracht vorausgesetzt sie hatten Glück und wurden nicht abgetrieben in die Weite des Indischen Ozeans, gingen nicht unter in Stürmen und Orkanen. Der feine Zimt aus Ceylon war wohl der Zimt der Königin Hatschepsut. Wieder eine Zeit später, im ersten Jahrtausend v. Chr. hatten die überaus tüchtigen Phönizier den Handel mit dem Zimt übernommen, brachten ihn in die Städte am Mittelmeer, von Zypern bis zu den Säulen des Herakles, Gibraltar und Cadiz, ihre fernen westlichen Niederlassungen.

Griechen und Römer jedenfalls kannten beide Sorten von Zimt, den Cassia-Zimt aus China und den feinen Zimt aus Ceylon. Aber sie verwendeten Zimt nur als Räucherwerk, als Parfüm und Salbenzusatz, besonders aber als Arzneimittel mit adstringierender (zusammenziehender) und Ausscheidungen fördernder Wirkung. Einzig und allein als aromatischer Zusatz zu bestimmten Weinen wurde Zimt gewürzmäßig benutzt. Und weder Römer noch Griechen wussten, woher der edle Stoff kam. Die arabischen Händler taten nichts, um von den Herkunftsländern zu sprechen. Und so glaubte man lange merkwürdige Geschichten, die selbst so kritische Autoren wie Aristoteles und Herodot noch aufschrieben. Herodot schreibt im 3. Buch seiner Historien: »…den Kassia gewinnen die Araber auf diese Weise: Erst binden sie den ganzen Leib in Rinderfelle und andere Häute ein und auch das Gesicht, bis auf die Augen und dann ziehen sie los nach der Kassia. Die wächst in einem See, der ist nicht sehr tief, aber in ihm und um ihn leben geflügelte Tiere, am ehesten mit Fledermäusen vergleichbar und die schwirren entsetzlich und sind äußerst angriffslustig. Die müssen sie abwehren von ihren Augen und die Kassia pflücken.« Woher aber der Ceylonzimt kommt, das, so sagt Herodot weiter, könne niemand sagen, wahrscheinlich wachse er in dem Land, in dem der Weingott Dionysos aufgewachsen sei. Aber große Vögel brächten die dürren Stengel «die wir Kinamomon nennen», um ihre Nester zu bauen. Diese Nester aber kleben sie mit Lehm an unzugängliche Felsen. Nun nehmen die Araber verendete Esel und Rinder, zerlegen diese und bieten die Stücke den Vögeln zum Fraß. In ihrer Gier holen die Vögel so viel Fleisch in ihre Nester, daß diese durch die Last herunterbrechen. Und die Araber sammeln die Zimtstängel auf und bringen sie in andere Länder.

Zimt

Lange wurden diese Geschichten geglaubt und immer wieder weitergegeben, zuletzt noch in der «Weltgeschichte für Kinder und Kinderlehrer«, erschienen 1801, geschrieben von einem Karl Friedrich Becker.

Aber wo kommt der Zimt wirklich her? Es sind zwei Bäume aus der Familie der Lorbeergewächse, *Lauraceae*, nämlich der chinesische Zimt, *Cinnamomum aromaticum*, auch Cassia genannt, und der Ceylonzimt, der wegen seines feineren Aromas beliebter ist, *Cinnamomum verum*, der vor allem auf Sri Lanka, dem früheren Ceylon wächst. Der Ceylonzimt ist ein immergrüner, zehn bis zwölf Meter hoher Baum mit rötlicher Rinde. Seine Blätter sind ledrig, glatt und glänzend, sind oval bis lanzettförmig. Die Blüten sind unscheinbar, blühen in Rispen, blassgelb. Manche rühmen den Duft der Blüten, andere sagen, sie verströmen einen unangenehmen Geruch. Vielleicht eine Geschmacksfrage. Aus den Früchten entstehen große, etwa birnenförmige Früchte, die dunkelgrün bis braunrot sind.
Die entsprechenden Früchte des Cassia werden unreif geerntet und getrocknet und werden unter der Bezeichnung *Flores cassiae* (Blumen des Cassia), englisch: cassia buds, ebenfalls als Gewürz verwendet.

Das eigentliche Zimtgewürz wird aus der Rinde gewonnen und zwar von ein- bis zweijährigen Stockausschlägen beim Ceylonzimt oder von sechs- bis zehnjährigen Bäumen bzw. von ebenfalls sechs- bis zehnjährigen Stockausschlägen beim chinesischen Zimt.
Beim Ceylonzimt wird die Außenseite der Rinde abgeschabt, denn die Rindenschicht, die das würzende aromatische Öl enthält, ist hauchdünn und liegt zwischen der Schutzhaut der Rinde und dem Holz des Baumes. Beim Trocknen rollt sich diese Haut dann zu Röhren auf. Beim chinesischen Zimt wird die äußere Schicht meist nicht oder nur unvollständig abgelöst, weshalb sich die Rindenstücke auch nicht so eng aufrollen wie beim Ceylonzimt. Das Aroma ist kräftiger, der Gehalt an ätherischen Ölen höher, aber im Ganzen schmeckt der Ceylonzimt eben feiner.

Neben den beiden genannten Zimtarten gibt es noch andere Zimtarten, zum Beispiel den Burmazimt aus Indonesien und von den Philippinen sowie den Saigonzimt aus Indochina.
Gehandelt werden von alters her die beim Trocknen entstandenen Hautröhren.

Daneben gibt es im Handel auch Zimtpulver, wobei das Pulver des chinesischen Zimtes rötlicher ist als das des Ceylonzimts, das eine gelblichbraune Farbe hat.

Irgendwann sah dann der erste Europäer die Zimtwälder Ceylons. Dann kam der Zimthandel in die Hände der mächtigen Seefahrer-Nationen. Die Holländer, die Ceylon beherrschten, versuchten mit brutalen Maßnahmen, die Preise für den Zimt hoch zu halten.

In Mitteleuropa war Zimt im ausgehenden Mittelalter und der beginnenden Neuzeit ein Luxusprodukt, das auch als Wundermedikament bei Lebererkrankungen und Angina pectoris angewandt wurde. Die berühmten Fugger aus Augsburg hatten den deutschen Zimthandel in der Hand. Im Gegensatz zum deutschen Kaiser verfügten die »Pfeffersäcke« über Geld.
Als es im Jahr 1519 darum ging, einen neuen deutschen Kaiser zu wählen, gab es im Deutschen Reich zwei Bewerber. Der eine war Karl von Habsburg, der andere Franz von Frankreich. Um die Kurfürsten zu bestechen, die das Recht hat-

ten, den Kaiser zu wählen, lieh sich Karl eine bedeutende Summe Geld bei Jakob Fugger aus. Er hatte Erfolg und als Karl V. wurde er Deutscher Kaiser. Jakob Fugger aber, so wird erzählt, entfachte in Anwesenheit des neuen Kaisers ein Feuer aus Zimtstangen und verbrannte darauf den Schuldschein als Zeichen, dass er dem Kaiser die Schulden erließ. Vielleicht auch als dezenten Hinweis auf die Herkunft des vielen Geldes und die Schutzbedürftigkeit des Handels.

Seitdem ist viel Zeit vergangen und der Zimt ist zu einem beliebten Gewürz des Volkes geworden. Zucker und Zimt, eine Alliteration, die ins Ohr geht – und die Mischung, über einen Reisbrei gestreut, zergeht angenehm im Mund. Die beiden gehören zu Kompott und zu Gebäck wie zu den berühmten Zimtsternen, ohne die es fast nicht Weihnachten werden kann.
Viel Zimt verbrauchen die Produzenten von Getränken, Zimt ist in Cola wie in Würzweinen. In der asiatischen Küche allerdings wird der Zimt auch als Würze bei Fleischspeisen verwendet. Und nicht zu vergessen, Zimt ist auch ein Bestandteil von Currys. Selbst aus einer einfachen Tomatensauce kann man mit einer Prise Zimt, vielleicht zusammen mit einem Lorbeerblatt, etwas Besonderes machen.

Nach Jean Valnet wirkt Zimt stimulierend auf Kreislauf, Herz und Atmungsfunktionen, ist verdauungsfördernd und magenstärkend, antiseptisch und fäulnishemmend (so soll der Zimt aus Ceylon noch in einer Dosis von 1:300 Typhusbakterien töten). Zimt bekämpft Blähungen, löst Krämpfe, ist blutstillend. Er wirkt auch leicht aphrodisisch, fördert den Beginn der Monatsblutung, bewirkt eine leichte Erhöhung der Körpertemperatur, der Speichelproduktion, der Augenflüssigkeit und der Nasensekretion.
Valnet empfiehlt die Einnahme von Zimt bei allgemeinen Schwächezuständen, bei Muskelschmerzen infolge Grippe- und Erkältungskrankheiten, bei Herzrhythmusstörungen, Verdauungsbeschwerden, Darmkrämpfen, Durchfall, Gebärmutterblutungen, Impotenz und schließlich heißt es: »... wurde früher während der kalten Jahreszeit Melancholikern, Verdauungsschwachen und Greisen sehr empfohlen.« Ich entnehme daraus, dass Zimt wahrscheinlich auch ein Mittel gegen Depressionen ist.

Ingeborg Münzing-Ruef empfiehlt, in der Woche vor der Monatsblutung reichlich Zimt zu essen, zum Beispiel als Zimtzucker auf Joghurt oder Dickmilch, auf einem Bratapfel oder als Prise in heißen Getränken. Sie sagt: »Zimt scheint für die richtige Assimilation der Nahrung Insulin freizusetzen!« Sie zitiert die Sprüche Salomons: »Ich habe mein Lager mit Myrrhe, Aloe und Zimt besprengt. Komm, laß uns buhlen bis an den Tag und laß uns der Liebe pflegen.« Und sie weist darauf hin, dass Duftstoffe über die Nervenbahnen die Sexualdrüsen anregen. Sie spricht von Liebestränken und von »Pillen aus Ingwer und Zimt«, die das Paar unmittelbar vor der Vereinigung gemeinsam essen sollte. Sie meint aber, dass es heutzutage auch ein Lebkuchen täte.

Bouillon mit Eierstich

Bouillon:
1. 1 EL Sonnenblumenöl
2 Zwiebeln mit der gelben Haut, halbiert
2. 500 g Rindsknochen, zerkleinert
3 Karotten, geschält, der Länge nach aufgeschnitten
1/4 kleiner Wirsing
2 Lauchstängel
1 Knoblauchzehe, halbiert
1 Nelke
1 Lorbeerblatt
5 Pfefferkörner
3 l Wasser, kalt
3. Salz, Pfeffer, Muskatnuss
1 EL gehackte Petersilie
evtl. 2 EL Sherry oder Cognac

Eierstich:
4. 2 Eier
100 ml Milch
Salz

Bouillon:
Das Öl erhitzen. Die Zwiebeln darin ringsum stark anbraten. Alle Zutaten von 2. beigeben, aufkochen, auf kleinem Feuer 2–3 Std. köcheln, evtl. abschäumen. Dann abseihen, würzen.

Eierstich:
Die Zutaten von 4. gut miteinander verquirlen.
In eine kleine, bebutterte Auflaufform füllen. Diese in einem Wasserbad (das nicht ganz kochen darf) 40 Min. ziehen lassen. Das Förmchen in kaltes Wasser stellen. Den Eierstich nach dem Erkalten vom Rand lösen, stürzen, in 1 cm dicke Scheiben und diese in 1 cm große Würfel schneiden.

Kartoffelsalat Michele

1. 1 kg Schalenkartoffeln, am besten Typ A (schnittfest), geschält, in dünne Scheiben geschnitten
250 ml Fleischbrühe)*
2. 2 Essiggurken, in Rädchen geschnitten
1 kleine Zwiebel, fein gehackt
10 grüne Oliven, in Scheiben geschnitten
3. 4 EL Olivenöl
2 EL Balsamessig
1 EL Weißweinessig
Salz, Pfeffer
1/2 TL Muskatnuss, gemahlen

Die Kartoffeln in eine Salatschüssel geben, mit der Fleischbrühe übergießen, gut vermengen. Die Zutaten von 2. zugeben. In einer zweiten Schüssel die Zutaten für die Sauce (3.) miteinander mischen. Über den Salat gießen, wieder gut vermengen, 1/2 Std. ziehen lassen.

*) die Zugabe von Fleischbrühe verhindert, dass sich die Kartoffelscheiben verpappen.

Kabeljau mit Muskatbuttersauce

1. 1 kg Lauch, in Streifen geschnitten
2. 750 g Kabeljau
(am besten das Schwanzstück)
Saft einer Zitrone
Salz, Pfeffer
100 g Butter

Sauce:
3. 2 EL Weißweinessig
1 Zwiebel, fein gehackt
4. 100 g Butter
5. 1 TL Muskatnuss, gerieben

Fisch:
Backofen auf 180°C vorheizen.
Die Lauchstreifen in eine bebutterte Kasserolle legen. Den Fisch innen und außen mit Zitronensaft beträufeln, würzen, auf den Lauch legen. Alles mit den Butterflöckchen bestreuen und zugedeckt im Ofen 40 Min. garen.

Sauce:
Den Essig und die Zwiebel so lange miteinander köcheln lassen, bis die Flüssigkeit beinahe verdampft ist. Alles durch ein Sieb in ein Schüsselchen streichen, das in ein Wasserbad gestellt wird. Die Butter von 4. flöckchenweise beigeben, dabei mit dem Schneebesen kräftig schlagen. Vor dem Servieren mit dem Muskat würzen.

Hühnerpilaw ▶

Hühnerpilaw

1. 1 Zwiebel, in vier Teile geschnitten
1 Lorbeerblatt
1 TL Salz
2 1/2 l Wasser
2. 1 Suppenhuhn, ca. 1,5 kg schwer, in 8 Teile zerschnitten
3. 1 EL Butter
1 Zwiebel, gehackt
2 Knoblauchzehen, gepresst
1 1/2 l der obigen Hühnerbrühe
1/2 TL Kardamompulver
1 daumengroßes Stück frischen Ingwer, geraffelt
(oder 1 TL Ingwerpulver)
3 Gewürznelken
1/2 Zimtstange
1 Briefchen Safran
400 g Patnareis
4. 1 EL Butter
1 Hand voll Mandeln, geschält, in Stifte geschnitten
5. 100 g Rosinen
6. 2 EL Butterfett
2 Zwiebeln, in Ringe geschnitten

Die Zutaten von 1. aufkochen. Die Hühnerteile beigeben, das Huhn weich kochen. Die Butter von 3. erhitzen, Zwiebel und Knoblauch darin etwas dämpfen, die restlichen Zutaten der Reihe nach beigeben. Zudecken und auf kleinster Flamme ca. 20 Min. garen. Unterdessen das Hühnerfleisch entbeinen und in mundgerechte Stücke schneiden. Die Butter von 4. zergehen lassen, die Mandeln darin rösten. Fleisch, Reis, die Mandeln und die Rosinen miteinander vermengen. Evtl. nachsalzen. Das Butterfett erhitzen, die Zwiebelringe darin knusprig braten.
Vor dem Servieren über das Huhn geben.

Zimtparfait

1. 400 g Zwetschgen, entsteint, frisch oder aus dem Glas
   250 ml Wasser
   2 EL Zucker
   1 TL Zimtpulver
2. 200 g Butterkekse (petit beurre)
   100 g Butter, zimmerwarm
   1 EL Zucker
3. 2 Eier
   1 EL Zucker
   abgeriebene Schale einer ungespritzten Zitrone
   evtl. 2 EL Zwetschgenwasser oder Cognac
4. 5 Blätter Gelatine
   4 EL Wasser

5. 250 ml Rahm
6. 125 ml Rahm
einige schöne Zwetschgenhälften
einige geschälte Mandeln

Die Zutaten von 1. 5 Min. kochen. Mit dem Stabmixer pürieren. Abkühlen.
Die Butterkekse fein zerstoßen. Mit den übrigen Zutaten von 2. vermengen. Die Hälfte davon in eine mit Backpapier ausgelegte Kastenform einfüllen, glatt streichen. Im Tiefkühler hart werden lassen.
Die Eier trennen. Die Eigelb mit dem Zucker verrühren. Restliche Zutaten von 3. und das Zwetschgenmus beigeben.
Die Gelatine in etwas kaltem Wasser einweichen. Im kochenden Wasser von 4. auflösen. Eiweiß und Rahm von 5. ganz steif schlagen.
Zuerst die Gelatine, dann den Rahm und schließlich das Eiweiß zum Zwetschgenmus rühren. Alles in die Kastenform füllen. Glatt streichen. Wiederum 1/2 Std. hart werden lassen.
Die zweite Hälfte des Biskuitteigs darübergeben, glatt streichen. Über Nacht im Tiefkühler erstarren lassen.
Vor dem Servieren stürzen, das Papier entfernen, das Parfait in 1 cm dicke Scheiben schneiden. Den Rahm von 6. steif schlagen. Die Parfaitscheiben damit und mit den Zwetschgenhälften oder den geschälten Mandeln garnieren.

Kirschkuchen

1. 400 g Zwieback
750 ml Milch
2. 125 g Butter
100 g Zucker
4 Eigelb
3. 100 g Haselnüsse, gemahlen
1/2 TL Zimtpulver
1/2 TL Nelkenpulver
2 EL Kirschwasser
ca. 500 g Kirschen (ev. entsteint)
4. 4 Eiweiß, steif geschlagen
5. 2 EL Paniermehl

Den Backofen auf 200°C vorheizen.
Den Zwieback zerbröseln. Die Milch aufkochen und über den Zwieback gießen. 10 Min. stehen lassen. Die Zutaten von 2. schaumig rühren. Die Zutaten von 1. und 3. beigeben. Den Eischnee darunterheben.
Alles in eine bebutterte, mit Paniermehl bestreute Springform von 26 cm Durchmesser füllen. 1 Std. backen. Im Ofen erkalten lassen.

Früchte

von Werner O. Feißt

Pflanzen sind die unentbehrlichen Produzenten lebendiger Substanz. Sie sind die einzigen Lebewesen, die sozusagen von Luft, Wasser und Sonne leben können. Insofern sind sie fast bevorzugte Bewohner unserer Erde. Aber eines können sie nicht, wenigstens nicht als Einzelwesen, sie können sich in aller Regel nicht von dem Platz, an dem sie wachsen, entfernen. Da ihnen aber die Natur wie allen Lebewesen, den Menschen und den Tieren, den Wunsch mitgegeben hat, sich so weit es irgend geht auszubreiten, haben sie im Laufe der Jahrmillionen ein raffiniertes System entwickelt: Sie locken Tiere an, damit die mit ihrer Möglichkeit »herumzukommen« wenigstens die Samen und damit den Nachwuchs der Pflanzen von der Wachstumsstelle wegbewegen. Dieses Anlocken der Tiere geschieht natürlich mit etwas, das die Tiere lieben, mit süßer Nahrung nämlich. Damit haben wir das, was uns die Pflanzen schenken: die Früchte.

In vielen Religionen sind die Früchte die Nahrung der Götter. Ich bin sicher, »Nektar« und »Ambrosia« müssen himmlische Früchte gewesen sein, die die griechischen Götter in ihrem himmlischen Garten ernteten. Yoga-Anhängern gelten die Früchte als Nahrung zur inneren und äußeren Reinigung.

In langen Jahrtausenden waren die Früchte für die Menschen mit ihrer Süße das Beste, was es im Jahreslauf zu essen gab. So etwas wie eine Vorwegnahme unserer Torten, Schokoladen, Eiscremes, und das nur an wenigen Wochen des Jahres. Noch im vorigen Jahrhundert bekamen die Kinder Äpfel vom Nikolaus und vom Christkind.

Das Paradies muss an einem besonderen Ort der Erde gelegen haben, wo immer, alle Tage, an Bäumen und Büschen Früchte reif waren. Denn Menschen müssen jeden Tag essen. Oder, was viel wahrscheinlicher ist, im Paradies gab es keine Zeit und also auch keine Jahreszeiten.

Zum erlesenen Wohlgeschmack und zur Süße kommt bei den meisten Früchten eine äußere Form, die die Vollkommenheit symbolisiert. Ausdruck jener Vollkommenheit, die zu erreichen jeder Mensch in der Tiefe seiner Seele wünscht.

In unserer Zeit ist das Obstessen fast zum Synonym für gesund leben geworden. »Jeden Tag einen Apfel essen und du kannst den Arzt vergessen«. Aber wie steht es denn mit den Früchten? Werden sie denn auch den hohen Erwartungen gerecht?

Beim Essen von Früchten gibt es kein Kalorienproblem. Cholesterin enthalten sie auch nicht, auch kein Purin. Sie enthalten wenig Eiweiß und Fett (mit Ausnahme der Avocado). Ihr weniges Eiweiß entlastet Leber und Niere von Harnsäure.

Sie enthalten viele Kohlenhydrate. Diese Kohlenhydrate sind aber von der Art einfacher Zucker, die schnell vom Körper aufgenommen werden und schnell dorthin gelangen, wo Energie erforderlich ist. Nahrung also für den körperlichen und geistigen Schwerarbeiter.

Sie enthalten viele Ballaststoffe zum Wohl unseres Darmes.

Früchte enthalten viele Vitamine, Mineralien und seltene Spurenelemente. Und dann ist da die Rede von bisher noch geheimnisvollen Stoffen, die den Früchten ihre gelbe, rote und blaue Farbe geben, die Bioflavonoide, die auch schon Vitamin P genannt wurden. Sie sollen auf natürliche Weise die Gefäße schützen, die Bildung von Tumoren, also Krebs, verhindern, den Blutdruck senken, das Herz schützen. Sie sollen Pilze, Viren und Bakterien abwehren und sie seien sehr wirksame Antioxidantien, die jene

Sauerstoffabkömmlinge abwehren, die in den Zellen zu »Oxidation«, das heißt zu Alterungsprozessen, führen. Da sie besonders mit Vitamin C auftreten (Früchte enthalten ja besonders viel Vitamin C), werden sie vom Körper gut aufgenommen. Ihre besondere Leistung liegt auch im Stärken der dünnsten Blutgefäße, der Kapillare, von denen der Mensch so viele besitzt, dass sie aneinander gereiht eine Länge von hunderttausend Kilometern haben.

Aus den Früchten erhält unser Körper Fruchtsäuren, die die Verdauung anregen, und Gerbstoffe, die entzündungshemmend auf Schleimhäute und Därme wirken.

Wenn man von den Vorteilen des Obstessens spricht, muss man allerdings auch von gewissen Nachteilen reden. Bei Anwesenheit von Fruchtsäure im Mund verliert das im Speichel enthaltene Enzym die Fähigkeit, Stärke in Zucker zu verwandeln. Damit gelangt die Stärke aus der Nahrung unverändert in den Dünndarm, wird infolgedessen nicht verdaut und beginnt zu gären. Blähungen und Sodbrennen sind die Folge. Früchte, vor allem saure Früchte und Fruchtsäfte, sollte man vor der Hauptmahlzeit zu sich nehmen. Da der Körper Früchte sehr schnell verdaut, besteht nach kurzer Zeit kein Problem, mit der Hauptmahlzeit zu beginnen. Schwierigkeiten aber bekommt man, wenn man saure, rohe Früchte zur Hauptmahlzeit isst, auch zu Gemüse (Ausnahmen sind Karotten, Sellerie, Rahnen, Blattsalat, die sich mit Obst vertragen!) oder gar zum Essen Orangensaft oder Apfelsaft trinkt, oder unmittelbar nach der Hauptmahlzeit Früchte isst. Eine Pause von etwa einer Stunde genügt, um dann ohne Problem sein Früchtedessert zu sich nehmen zu können. Auch beim Mischen verschiedener Früchte, etwa einem Obstsalat, sollte man darauf achten, keine sehr süßen Früchte wie etwa Bananen oder Trauben oder Feigen oder getrocknete Früchte mit sauren Zitrusfrüchten oder Ananas zu kombinieren.

Äpfel

Der Apfel ist aufregend. Er ist der Deutschen liebstes Obst. 40 kg isst jeder von uns pro Jahr. Mehr als 600.000 Tonnen werden jährlich von deutschen Apfelbäumen geerntet und verkauft und ungefähr die gleiche Menge wird noch einmal importiert. Aber Vorsicht. Auch die Unschuld des Apfels ist dahin. Bis zu 20-mal wird der Baum gespritzt, von der Blüte bis zur Ernte, und es gibt Chemikalien, die die Äpfel haltbar machen, und sogar solche, die den Reifezeitpunkt beschleunigen. Eine Reifechemikalie mit dem Namen »Alar«, in Verdacht geraten, Krebs zu erzeugen, musste 1990 vom amerikanischen Markt genommen werden. Welche anderen gibt es noch? Und dann werden Äpfel gewachst, damit sie schön ausschauen und vielleicht sogar radioaktiv bestrahlt, damit sie haltbar sind.

Es ist also leider notwendig, Äpfel sorgfältig einzukaufen. Am besten bei einem Bauern, den man kennt und der einem wahrheitsgemäß die Frage beantwortet nach der Chemie. Ein Bauer irgendwo am Bodensee, in der Pfalz, am Oberrhein. Äpfel wachsen fast überall. Und fast überall stehen heute auf den »Obststreuwiesen« Apfelbäume, die niemand mehr aberntet, aber auch nicht spritzt, weil ihre Äpfel kleiner sind als 5,5 cm und damit – dank unserer EU-Norm – nicht mehr verkauft werden dürfen. Am besten redet man mit dem Bauern, dem der Baum gehört, und fragt, ob man die Äpfel ernten darf. Vielleicht macht er sie einem sogar herunter und freut sich, wenn er ein paar Mark dafür bekommt. Wenn ein Wurm drin ist, seien Sie froh. Nur in chemiefreiem Obst kann ein Würmlein leben. Im Übrigen, wenn Sie schon im

Geschäft Ihre Äpfel kaufen müssen, kaufen Sie heimische Äpfel. Sie sind sicher nicht so behandelt wie die Importäpfel, die einen weiten Weg hinter sich haben.
Nur 47 kcal enthalten 100 g roher Apfel. Das Beste also für den »kleinen Hunger zwischendurch«. Sie sollten ungeschält und roh oder höchstens leicht gedämpft gegessen werden. Äpfel unbekannter Herkunft sollte man vor dem Verzehr mit warmem Seifenwasser waschen.
Die sauren und grünen Äpfel enthalten mehr Vitamin C, dafür bringen die roten entsprechend Beta-Carotin und Flavonoide mit ins Spiel. Die Schalen und das Kernhaus sind wertvolle Ballaststoffe, die geeignet sind, die Darmtätigkeit entsprechend anzuregen. Fruchtsäuren sind noch dabei und Pektin, jener Stoff, der bei der Herstellung von Gelees und Marmeladen eine Rolle spielt. Sie töten unerwünschte Bakterien im Darm ab und wirken so gegen Durchfall. Der Apfel leistet also beides: er bringt den trägen Darm in Schwung und er stoppt das übertriebene Gegenteil.
Äpfel senken den Blutfettspiegel. Zwei bis drei Äpfel täglich senken das schlechte LDL-Cholesterin um 10 % und mehr. Das haben Untersuchungen herausgefunden. Wieder ist es das Pektin, das diese erwünschte Wirkung hat. Äpfel sind ein altes Hausmittel gegen Rheuma, Arthritis und Gicht. Auch hier ist Pektin im Spiel, das die Ausscheidung von Stoffwechselgiften fördert, und außerdem verdauungsfördernde Fruchtsäuren und Flavonoide.
Pektin, auch in der Form von frischem Apfelsaft, soll ein Schutz sein gegen Krebs.
Achtung! Viel Apfelsaft kann Durchfall hervorrufen und vor allem bei Kindern Karies. Braun gewordener Apfelsaft enthält selbst krebsfördernde Stoffe.

Birnen

Während rohe, noch unreife Birnen empfindlichen Menschen arg auf dem Magen liegen können, sind reife Birnen leicht verdaulich und bekömmlich. Sie fördern die Bewegung des Darmes. Durch ihren hohen Gehalt an Kalium schwemmen sie Wasseransammlungen im Körper aus, stärken zugleich die Nieren, sind damit wirksam bei Gicht, Rheuma und Arthritis und senken auch hohen Blutdruck. Naturärzte empfehlen bei hohem Blutdruck, mehrmals jährlich zwei bis drei Birnentage einzulegen, bei denen anderthalb bis zwei Kilo Birnen als einzige Nahrung gegessen werden. Ihr Mineraliengehalt ist basisch, wodurch sie den Säurehaushalt des Körpers regulieren. Sie enthalten Phosphorsäure, die sowohl für die Nerven als auch für das Gehirn Nahrung ist. Schulkinder, die sich konzentrieren müssen, und Geistesarbeiter essen deshalb mit Gewinn ihre Birnen.
Birnen helfen auch, wo immer Schleim im Spiel ist, sei es im Gedärm, sei es in den Atemorganen. Darum hilft das Essen von Birnen auch bei Erkältungen.

Quitten

Für die alten Griechen war die Quitte ein Symbol des Glücks, der Liebe und des langen Lebens. Vielleicht ist sie am Mittelmeer daheim, wo sie bis heute auch roh gegessen wird. Bei uns macht nur die alte Tante Frieda noch Quittengelee und aus dem Quittenmus, das bei der Geleeherstellung übrig bleibt, die unvergessenen Quittengutsele. Sonst ist sie vergessen, fällt in so vielen Gärten vom Baum und verfault.
Dabei gibt es wunderbare Rezepte, z. B.:

Quitten nach Freiburger Ratsherrenart:
2 mittelgroße Quitten, 125 g Zucker, 1/8 l nicht zu herber Rotwein, 1/4 Tasse Wasser, 1/2 Stange

Zimt, 1/2 EL Nelken, 1/8 l süße Sahne

Die Quitten halbieren und die Kernhäuser entfernen. Die Hälfte des Zuckers in eine Auflaufform streuen. Die Quitten mit der Schale nach oben daraufsetzen. Dann den Wein, das Wasser und die Gewürze dazugeben. Zum Schluss den übrigen Zucker darüberstreuen. Den Backofen auf 200°C vorheizen und die Quitten in der Auflaufform 1 Stunde garen. Sie werden kalt mit einer Sahnehaube serviert.

Apfelmus, dem man einige fein geschnittene Quittenschnitze beifügt, erhält dadurch einen besonders feinen Geschmack.
Die Quitte enthält viel Vitamin C und Folsäure, Kalium, Kalzium, Magnesium, Phosphor, Eisen, dazu Gerbstoffe und ein gehöriges Maß an Pektin. Dieses Pektin macht die Quitte interessant als Schutz für Darm und Herz. Die Gerbstoffe bringen schlaffe Därme wieder auf Trab.
Die indische Medizin verwendet die Kerne der Quitte, indem sie diese aufkocht und den Schleim bei Magenleiden, Halsentzündungen, Verschleimung der Atemorgane, bei Verbrennungen und Hautausschlägen als milde Arznei verwendet.

Beeren

Längst sind noch nicht alle Geheimnisse enthüllt, die in den Beeren stecken. Oft sind es nicht nur ihre Früchte, also die eigentlichen Beeren, sondern auch die Blätter, die voll therapeutischer Kraft stecken und deshalb als Tee Anwendung finden. Beeren gelten daher von alters her, z. B. in China, in Indien, in Arabien, ebenso als Nahrungsmittel wie als Medizin. Es ist in besonderer Weise ihre Reinigungskraft, die eine Rolle spielt. Da sind Mineralien und Vitamine, ätherische Öle, Farb- und Gerbstoffe. Die Farbstoffe, die Flavone, schützen vor Krebs. Beeren bringen den Stoffwechsel in Gang und stärken die Abwehrkraft genauso wie das Herz, die Lungen und die Gefäße. Gewisse Schutzstoffe, die in manchen Beeren enthalten sind, wehren ebenso schädliche Darmbakterien ab, wie sie Hautleiden wirksam bekämpfen.
Wie bei allem Obst sollte man sich auch bei den Beeren darüber kundig machen, wo sie herstammen, denn natürlich sind auch Beeren Objekte chemischer Schutzmaßnahmen bzw. Opfer der Luftverschmutzung, wenn z. B. ein Erdbeerfeld zu dicht an der Autobahn liegt und nicht nur die Verbrennungsrückstände, sondern auch der Abrieb von Reifen und Straße auf die Pflanze und Früchte herabsinken. Am besten ist, man hat sie selbst im Garten oder man weiß einen Ort, wo fernab von Verkehr und Verschmutzung wilde Beeren gesammelt werden können. Bei wild wachsenden Beeren ist allerdings Vorsicht wegen dem Fuchsbandwurm geboten.
Übrigens: Beeren, die beim Pflücken auf den Boden fallen, gehören den Armen Seelen.

Erdbeeren

Die Wissenschaft hat bisher über dreihundert Stoffe in dieser Frucht isoliert, darunter Vitamine, Pektin, viel Kalium, Kalzium, Phosphor. Sie machen Appetit und helfen bei der Verdauung, sie senken das Fieber und sind harntreibend. Der berühmte Botaniker Carl Liné hat mit Erdbeeren seine Gicht geheilt. Die Ayurvedamedizin empfiehlt, die Zähne zum Schutz gegen Karies mit Erdbeeren einzureiben und gut nachzuspülen, und ein Aufguss aus Erdbeerblättern reinigt die Haut, ist zugleich ein Heilmittel für die Leber.

Heidelbeeren

Heidelbeeren enthalten Gerbstoffe, die bei Durchfall entgiftend wirken. Möglicherweise wirken sie aber auch krebshemmend. Heidelbeeren enthalten Beta-Carotin und Vitamin C. Aber das Besondere, was in ihnen steckt, ist der blaue Farbstoff »Myrtillin«. Myrtillin bildet zusammen mit Vitamin C und Eisen Blut, und es sorgt für die Elastizität der Blutgefäße und zwar vor allem im Auge. Wer also an Nachtblindheit und Lichtempfindlichkeit leidet, sollte Heidelbeeren essen.
Heidelbeeren sind auch in der Lage, Erreger des Darmtraktes abzutöten, z. B. Kolibakterien.

Heiltee:
Zwei Teelöffel Heidelbeerblätter, mit einem Viertelliter kochendem Wasser übergossen, ergeben einen Tee, der nach zehn Minuten Ziehen, Abseihen, dreimal täglich getrunken, bei Magenschmerzen, plötzlichem Durchfall und Blasenschwäche wirkt.

Dieser Tee soll auch ein wirksames Heilmittel bei Zuckerkrankheit sein. Das auch im Heidelbeerblatt enthaltene Myrtillin soll nicht nur die Zuckerausscheidung herabsetzen, sondern auch gänzlich aufzuheben in der Lage sein. Die Anwendung dieses Tees darf jedoch unter keinen Umständen die ärztliche Kontrolle einer Diabetes vernachlässigen lassen!
Der Heidelbeersaft ist eines der besten Gurgelmittel und heilt Rachen-, Kehlkopf- und Halskatarrhe. Einige Zeit im Munde belassen, heilt er Zahnfleischentzündungen.

Preiselbeeren

Preiselbeeren sind sehr eng mit den Heidelbeeren verwandt. Auch sie enthalten Carotin, B-Vitamine, Vitamin C, Kalium und Natrium in einem guten Verhältnis, Magnesium und Eisen und außer Fruchtsäuren, Gerbstoffen, Bioflavonoiden auch Benzoe-Säure, die gegen Rheuma und Gicht wirkt. Die Preiselbeeren schmecken roh herb säuerlich, haben jedoch ein köstliches Aroma, das sich beim Einkochen zu Kompott voll entfaltet. Als Beilage zu gekochtem Rindfleisch und zu Wild ist dieses Kompott, vor allem in der badischen Küche fast unentbehrlich. Es wirkt außerdem gegen Appetitlosigkeit und gegen Durchfälle. Zudem ist es wirksam bei chronischer Blasenentzündung (Reizblase älterer Damen), und es hat cholesterinsenkende Wirkung.

Ein Tee aus den Blättern der Preiselbeere (1 gehäufter TL pro Tasse kochendes Wasser) hat eine gute Heilwirkung bei Gicht und Rheuma.

Johannisbeeren

Durch ihre reichen Inhaltsstoffe festigen die Johannisbeeren die allerfeinsten Kapillargefäße und wirken so gegen Arteriosklerose und Schlaganfall.
Schwarze Johannisbeeren sollen zusammen mit dem Kalzium von Milchprodukten Schwangerschaftsbeschwerden lindern, vor allem auch die Knochen der werdenden Mutter gesund erhalten und das Wachstum des Kindes unterstützen.
Johannisbeeren regen Speichelfluss und Magensaft an, außerdem die Tätigkeit des Darmes, und somit vermeiden sie Verstopfung.
Eng verwandt mit den Johannisbeeren sind die Stachelbeeren.

Himbeeren und Brombeeren

Himbeere und Brombeere sind bis heute offizielle Heilpflanzen. Diese Eigenschaft verdanken sie allerdings vor allem ihren Blättern, die als Tees viel benutzt werden.

Die Beeren selbst enthalten allerdings auch ein gehöriges Maß an wertvollen primären und sekundären Inhaltsstoffen, die den Stoffwechsel anregen, die Knochenbildung fördern und Muskeln, Nerven und Gehirn bei ihrer Tätigkeit unterstützen. Ihre Farbstoffe stärken die Gefäße, das Kalium entwässert, das Kalzium festigt die Knochen.

Weintrauben

Weintrauben haben einen hohen Gesundheitswert, aber in aller Regel sind sie im Laufe ihres Wachstums mancher Chemie begegnet. Will man sie roh essen, und das sollte man, dann empfiehlt es sich, sie wenigstens sehr gut zu waschen. Sie sind besonders reich an Traubenzucker. Er geht sofort ins Blut und schafft dort Energie, wo diese rasch benötigt wird, bei körperlicher und bei geistiger Arbeit.
Trauben sind für Lungenkranke Medizin, sie helfen bei Stoffwechsel- und Kreislaufstörungen, bei Nieren- und Blasenschwäche. Sie tragen dazu bei, Leber und Galle zu regenerieren und Harnsäure abzubauen. Sie kräftigen das Herz, helfen hohen Blutdruck senken und sind ein Beitrag zur Vorbeugung der Arteriosklerose. Die blauen Trauben fördern mit ihrem Farbstoff die Durchblutung und kräftigen die Gefäße.
Die Inhaltsstoffe der Trauben stecken zum größten Teil in den Rosinen, die ja nichts anderes sind als getrocknete Trauben. Sie sind Nahrung in konzentrierter Form für Knochen, Gehirn und Herz.

Pfirsiche

Pfirsiche sind reich an Beta-Carotin und an den Vitaminen B und C, an Kalium, Kalzium, Magnesium, Natrium, Eisen und Zink, das für die Spermabildung bei den Männern wichtig ist. Darum ist es vielleicht gar kein Zufall, dass die Chinesen im Pfirsich die Frucht der ewigen Jugend und Unsterblichkeit sahen.
Pfirsiche regen die Nieren an, sie wirken harntreibend und entwässern die Gewebe. Dadurch entlasten sie Herz und Kreislauf, sie regen den Appetit an und sind damit vor allem auch für Senioren interessant. Eine Cousine des Pfirsichs ist die Nektarine. Ihr Gehalt an Beta-Carotin ist sechs- bis siebenmal höher als der von Pfirsichen.

Aprikosen

Seltsam, auch die Aprikosen sind in jenem Land daheim zwischen Schwarzem und Kaspischen Meer, wo die Äpfel herstammen und wo – vielleicht – das Paradies war. Früh waren sie auch in China heimisch. Sie brauchen viel Wärme, um reif und süß zu werden: Spanien, Italien, Frankreich, Jugoslawien, Ungarn, Griechenland, Israel sind die Länder, wo sie gedeihen. In Österreich wachsen sie in der Wachau, in der Schweiz im Wallis, in Deutschland in Rheinhessen, an der Bergstraße, grundsätzlich dort, wo der Wein gedeiht, wobei nicht unbedingt gesagt ist, dass, wenn der Wein gut wird, die Aprikosen auch golden und süß sein müssen, und das sollten sie halt sein und nicht nur wegen der wunderschönen Farbe, sondern auch wegen dem Beta-Carotin, das diese Farbe anzeigt.
Ihr merkwürdiges Charakteristikum ist eine Naht oder Furche, die sich vom Stiel bis zum Stempelansatz zieht und die die Frucht in zwei Fruchtbacken teilt. Sie lassen an das Weiblichste der Frau denken, das konsequenterweise im Französisch des Mittelalters »Apricot« hieß. Und es ist auch kein Wunder, dass die Aprikose insbesondere Frauen gut bekommt. Ihr Beta-Carotin (150 g Aprikosen decken den Tagesbedarf!) ist gut für die Haut und alle Schleimhäute, die Sehkraft und schützt ebenso vor Infek-

tionen wie vor Krebs. Das Beta-Carotin unterstützt das Wachstum, was in der Schwangerschaft interessant ist, ihr Eisengehalt dient der Blutbildung (Menstruation), das Kalium entwässert, entlastet Herz und Kreislauf und beseitigt Stauungen in den Beinen, ihr Gehalt an Kieselsäure unterstützt Knochen, Zähne, Nägel, Haare und das Gehirn.
Dunkelorangenfarbige Aprikosen also sind voll Beta-Carotin, und durch dieses Vitamin vermindert die Aprikose das Risiko für Herzinfarkt, Schlaganfall, Katerakt und Krebs.
Aprikosen enthalten lösliche Ballaststoffe, die den Blutzucker ebenso ausgleichen wie den Cholesterinspiegel. Ihr Eisengehalt erhöht auch die Immunabwehr und steigert die Leistungsfähigkeit.
Neben den frischen Aprikosen spielen getrocknete Aprikosen eine wichtige Rolle. Getrocknete Aprikosen haben einen erstaunlich hohen Kaliumgehalt. Dieses natürliche Kalium der Aprikosen schützt das Herz, vor allem auch durch Reduzierung von hohem Blutdruck. Getrocknete Aprikosen bringen die Verdauung in Gang, wirken bei Verstopfung. Eine Hand voll getrocknete Aprikosen (ca. 40 g) liefert ein Fünftel des täglich benötigten Kaliums.
Man sollte getrocknete Aprikosen mit Vitamin C-reichen Früchten, z. B. frischen Apfelsinen, genießen. Dadurch wird die Aufnahme des Eisens erleichtert.
Achtung! Getrocknete Aprikosen mit hellgelber oder orangener Farbe sind mit Schwefeldioxyd bearbeitet. Dies kann asthmakranken Menschen Probleme machen. »Essfertige«, halbgetrocknete Aprikosen enthalten viele Konservierungsstoffe.

Getrocknete Aprikosen werden am besten so zubereitet: Man lässt sie fünf Minuten kochen und seiht sie dann ab. Damit sind die Konservierungsstoffe entfernt. Mit frischem Wasser werden sie dann zwanzig Minuten weich gegart.

Die Carotine werden übrigens beim Kochen nicht zerstört. Getrocknete Aprikosen können auch zum Süßen von Speisen verwendet werden, wenn man Zucker vermeiden will oder muss.
Frische Aprikosen müssen nur ganz kurz gegart werden. Am besten isst man sie aber roh.

Kirschen

Im Schwarzwald findet man noch die wilden bei uns heimischen Sorten voller Süße und Aroma, und wenn sich jemand findet, der sie pflückt, wird aus ihnen das allerfeinste Kirschwasser. Man kann es kaum irgendwo kaufen. Die dicken, manchmal leider auch schon etwas wässrigen Süßkirschen zwischen hellrot und dunkelblau, von denen jährlich allein aus Deutschland über 150.000 Tonnen gegessen werden, hat jener Römer aus Kleinasien nach Italien und dann auch zu uns gebracht, der als Prototyp des Genießers gilt: Lucullus. Die gesundheitlich Wertvollsten sind natürlich die dunklen Kirschen. Sie enthalten die Mineralien Kalium, Kalzium, Eisen, Magnesium, Phosphor und Kieselsäure in höherer Konzentration als die hellen Sorten. Dazu kommen die Vitamine Carotin, B1, B2, B3 und natürlich viel C. Das Ganze eine Frühjahrskur für Nerven und Blut und vor allem für Kinder interessant, denen das Kalzium dazu noch die notwendige Stärkung für Knochen und Zähne verleiht und die Kieselsäure die Stärkung für das Gehirn. Gichtkranke sollten die Kirschensaison nutzen, um eine Kirschenkur zu machen. Drei Pfund Kirschen am Tag senken den Harnsäurespiegel erheblich, indem sie den

Körper entwässern und die Harnsäure mit hinausschwemmen, gleichzeitig entlasten sie das Herz und den Kreislauf, Leber und Niere und selbst die Bauchspeicheldrüse hat von dem Ganzen noch Gewinn.
Sauerkirschen, von denen die Deutschen auch 100.000 Tonnen aus eigener Produktion essen, haben von den reinigenden Pflanzensäuren noch mehr als ihre süßen Schwestern. Damit schieben sie den Stoffwechsel noch stärker an, desinfizieren Magen und den ganzen Verdauungstrakt und bringen die Drüsen auf Trab. Sie sollen das seltene B12 enthalten und den ebenso seltenen Stoff Kobalt, was zusammen mit dem Eisengehalt ein intensiver Beitrag zur Blutbildung darstellt.
Naturärzte haben vor kurzer Zeit auf die schmerzstillende Wirkung von Sauerkirschen hingewiesen, die mit der Wirkung von Aspirin durchaus vergleichbar sei. So soll eine Hand voll Sauerkirschen den Kopfschmerz genauso vertreiben wie eine Aspirintablette.

Pflaumen

Pflaumen, Zwetschgen und Mirabellen, die auch zur Familie gehören, samt den Reineclaudes sollte man eigentlich immer roh essen, weil sie meist beim Kochen recht sauer werden. Das kommt von der Oxalsäure, die in ihnen enthalten ist und die nach wissenschaftlichen Untersuchungen im Körper Kalzium bindet. Auch sollte man sie immer mit ein wenig Fett (Schlagsahne oder Nüsse) ergänzen, damit die Carotine, die sie ja als farbige Früchte in Fülle enthalten, vom Körper aufgenommen werden können. Durch ihre Fruchtsäuren (eben die genannte Oxalsäure z. B.) wirken sie sehr appetitanregend, indem sie die Speicheldrüsen und den Magen zur Produktion der Verdauungssäfte anregen. Da sie fast kein Natrium enthalten, sind sie eine ideale Nahrung für Kreislauf-, Nieren-, Leber-, Rheuma- und Gichtkranke.
Besonders interessant, vor allem für Menschen, die an Verstopfung und Hämorrhoiden leiden, sind getrocknete Pflaumen und Zwetschgen.

Man weicht ein Dutzend am Abend vor dem Schlafengehen ein und nimmt sie am Morgen nach dem Aufwachen mitsamt dem Einweichwasser zu sich.

Ihre pektinhaltigen Inhaltsstoffe quellen im Darm noch weiter auf und nehmen alles Schädliche mit. Es gibt in den USA eine Liste jener Lebensmittel, die zur Krebsvorsorge regelmäßig gegessen werden sollen. Dazu gehören Dörrpflaumen. Also auch dann, wenn man sie nicht wegen Verstopfung u. Ä. braucht.

Zitrusfrüchte

Sie stecken voll »Gesundheit«. Da ist Beta-Carotin in Fülle und Vitamin C (schon 150 g der Zitrusfrüchte decken den Tagesbedarf). Und da ist Kalium, Magnesium, Kalzium, Eisen, Phosphor. Zitrusfrüchte töten die Keime und wehren damit Krankheiten ab. Unter der Schale stecken in der weißen Haut, die man gemeinhin beim Schälen wegzupft, eine Menge von Bioflavonoiden, die geeignet sind, unsere Kapillare, unsere dünnsten Gefäße abzudichten und vor Schaden zu bewahren. Zitrusfrüchte wirken auf Nerven, Gehirn und Geist und bewahren damit auch vor Depression. Die meist gegessene Zitrusfrucht ist sicherlich die Orange.

Orangen

Sie enthalten viel Vitamin C, das für die Immunabwehr als Antioxidans und wegen der Aufnahmeverbesserung von Eisen sehr wichtig ist. Dazu kommen die Flavonoide, die die Antioxidationswirkung noch fördern. Neueste Untersuchungen sagen, wer viel Orangen und andere Zitrusfrüchte isst, erkrankt seltener an Krebs, vor allem an Magenkrebs. So stecken in der Orange Stoffe, die zum Beispiel die Bildung krebserregender Nitrosamine aus geräucherten Lebensmitteln blockieren. Die Pektine, die in der Orange in Fülle enthalten sind, sind geeignet, auf dem Weg über den Darm, das schlechte LDL-Cholesterin zu senken. Auch kleine Mengen von Zitrusfrüchten stärken die Immunabwehr. Das Krebsrisiko soll bereits durch das Essen von 100 g Zitrusfrüchten täglich entscheidend gesenkt werden. Besser als Orangensaft ist das Essen der ganzen Frucht. Der hohe Gehalt an Kalium unterstützt übrigens das Herz und reguliert den Bluthochdruck.

Grapefruits

Grapefruits, vor allem aber Grapefruitsaft, senken den Blutdruck. Das ist sicherlich interessant für diejenigen zu wissen, die morgens ohnehin unter niedrigem Blutdruck leiden und bei denen es durch den Genuss von Grapefruitsaft beim Frühstück zu einem weiteren Blutdruckabfall kommt.

Zitronen

Der orthodoxe Patriarch von Alexandria hat seinen Priestern dringend nahe gelegt, ständig eine Zitrone mit sich zu führen und jede Speise und jedes Getränk mit Zitronensaft zu beträufeln. Seine Priester, die im Maghreb, in Ägypten, im Sudan und in den Ländern des mittleren und südlichen Afrikas unterwegs sind, müssen im Kontakt mit den Gläubigen, aber auch in ihren eigenen, mehr als einfachen Lebensbedingungen geschützt sein gegen die unterschiedlichsten Krankheitserreger. Der Zitronensaft bewahrt sie davor, so wie er zum Beispiel in der Küche und im Haushalt das einfachste, billigste und zuverlässigste Desinfektionsmittel ist. Zitronensaft wird mit Keimen aller Art fertig. Darüber hinaus aktiviert er auch die Immunabwehr des menschlichen Körpers.

Die Zitrone gilt als eine der Hauptlieferanten von Vitamin C. Ihr Fruchtfleisch enthält im Durchschnitt 50 mg dieses Vitamins, dessen Tagesbedarf von der Deutschen Gesellschaft für Ernährung mit 75 mg angegeben wird. Dieser Bedarf kann allerdings in der Schwangerschaft, bei Infektionskrankheiten, Krebs, Diabetes und körperlichem und seelischem Stress wesentlich erhöht sein. Natürlich kann man den Tagesbedarf an Vitamin C mit reiner Ascorbinsäure, das ist Vitamin C, aus der Apotheke befriedigen und dieses Pulver ist überdies noch recht preiswert. Aber das Vitamin C, das eben nicht rein ist, sondern mit den unterschiedlichen Inhaltsstoffen der Zitrone vermischt, ist bekömmlicher und wertvoller. Zur Ascorbinsäure kommt der hohe Gehalt an Zitronensäure, und diese Säuren regen natürlich die Produktion der Verdauungssäfte, vor allem der Galle, an. Sie sind es auch, die aus der Zitrone ein so erfrischendes Getränk werden lassen (gemischt z. B. mit Mineralwasser).

Zitrone stärkt die Nerven und das Herz. Sie regt die Tätigkeit der Nieren an und wirkt auf eine merkwürdige Weise alkalisch, d. h. Zitrone im Körper umgewandelt, neutralisiert z. B. die Harnsäure und hilft damit vor allem bei Gicht, aber auch bei Rheuma und Arthritis.

Der Saft einer Zitrone, vor dem Frühstück getrunken, bewahrt Menschen, die zu Gicht neigen, nicht nur vor Anfällen, sondern baut auch den Harnsäurespiegel ab. Vorsicht ist allerdings geboten, wenn man einen schwachen übersäuerten Magen hat.

Die Zitrone wirkt gegen Arteriosklerose, indem sie die Venen stärkt und das Blut dünnflüssiger macht. Eine Kur mit Zitronen soll den Aderlass ersetzen. Auf diese Weise wirkt sie auch blutdrucksenkend und Blut bildend.

Bei Zahnfleischbluten hilft die regelmäßige Massage mit einem Zitronenschnitz, und wer an Akne leidet, halbiert eine Zitrone und reibt mit der Schnittfläche die befallene Hautzone ein. Eine Viertelstunde einwirken lassen und, dann mit lauwarmem Wasser abspülen.

Wirksam ist die Zitrone in Zeiten der Grippe, wenn es darum geht, sich vor Ansteckung zu bewahren:
Der Saft von vier Zitronen und zwei Esslöffel Traubenzucker werden mit heißem Wasser übergossen und so heiß wie möglich abends vor dem Schlafengehen getrunken.

Wenn man die Zitrone mit der Schale benutzen möchte bzw. wenn man z. B. in einem Rezept die abgeriebene Schale einer Zitrone verwenden soll, kann man davon ausgehen, dass nur Zitronen, deren Oberfläche behandelt ist, gekennzeichnet werden müssen. Anders gesagt, nicht gekennzeichnete Zitronen müssen unbehandelt sein.

Ananas

Die Ananas mit ihrem köstlichen Duft und Geschmack, »dem süßesten Kern, der je in einer rauen Schale steckte«, hat einen hohen Wassergehalt und infolgedessen verhältnismäßig wenig Kalorien. Sie enthält Kalium, Magnesium, viel Vitamine, Fruchtsäuren und Fermente wie das Bromelain.
Seitdem die Ananas auf dem Luftweg zu uns kommt, können ihre wertvollen Inhaltsstoffe in der Ernährung genützt werden. Beim Kochen gehen die wichtigsten und wertvollsten Stoffe verloren, so dass man, will man die gesundheitsfördernde Kraft der Ananas nützen, frische Ananas kaufen sollte.
Natürlich gibt es Gelegenheiten, wo die Ananaskonserve durchaus ihren Dienst tut, z. B. bei der Herstellung eines Kuchenbelags, als Zusatz zu einem Früchte-Curry, immer dort also, wo man die Frucht ohnehin erhitzt.
Das Wertvollste an der Ananas ist das Bromelain-Enzym, dessen ganze Wirksamkeit noch gar nicht erforscht ist, doch geht man davon aus, dass es Stoffe blockiert, die Entzündungen hervorrufen. So wird das Bromelain bei der Behandlung von Rheuma und Arthritis mit Erfolg eingesetzt. Darüber hinaus fördert es die Heilung von Verletzungen, von diabetischen Geschwüren und von Wunden nach Operationen. Das Bromelain ist in der Lage, praktisch den Magensaft zu ersetzen, indem es Eiweiß aufspaltet und seine Verdauung damit ankurbelt. Blutgerinnsel, die die Blutgefäße verstopfen, sind die Hauptursache für Herzinfarkt und Schlaganfall. Ananas verbessert die Durchblutung von verengten Arterien und wirkt damit Herzinfarkt und Schlaganfall entgegen. Damit hilft Ananas auch bei der Angina Pectoris, der Brustenge, die durch schlechte Durchblutung der Herzkranzgefäße auftritt. Ananas hilft durch das Ankurbeln der Verdauung bei Verstopfung. Vor jeder Mahlzeit eine Scheibe frische Ananas essen beendet diese Plage. Ananas wirkt auch schweiß- und harntreibend und senkt das Fieber.
Vorsicht! Schwangere sollten keine Ananas essen, da sie in hohen Dosen eine Fehlgeburt hervorrufen kann.
Durch seine Fähigkeit Eiweiß aufzuschließen, macht das Bromelain Fleisch zarter, da es sich

hier aber um ein Buch fleischloser Rezepte handelt, sei dies nur am Rande erwähnt.

Bananen

Es gibt einige hundert Bananensorten, allein die so genannten Obstbananen, die nach Europa kommen, sind dabei mit vierhundert Arten vertreten. Daneben gibt es Kochbananen, die in manchen tropischen Ländern als Grundnahrungsmittel eine ähnliche Rolle spielen wie die Kartoffel bei uns. Es gibt rote Bananen, Apfelbananen und Babybananen, die einen besonders köstlichen Bananengeschmack haben.
Die Banane ist eine der ältesten Kulturpflanzen des Menschen und doch ist sie in Europa erst seit 1885 bekannt. Das wiederum hängt damit zusammen, dass für ihren Transport aus den Tropen bei ihrer raschen Verderblichkeit schnelle Verkehrsmittel zur Verfügung stehen müssen.
Von den vierhundert Sorten der Obstbananen wird heute praktisch nur die einzige Sorte »Cavendish« angepflanzt, die resistent ist gegen die Panamakrankheit der Bananen. Sie hat die älteren Sorten »Großmichel«, »Poyo«, »Lacatan«, »Valeria« abgelöst. Allerdings werden Bananen nicht unter ihrer Sortenbezeichnung gehandelt, sondern unter den Markenbezeichnungen der großen Fruchthandelsfirmen, die weithin den Bananenhandel beherrschen. Der Versuch der EU, die vor allem in den vormals französischen Kolonien angebauten Bananen zu protegieren, stieß auf ihren erbitterten Widerstand.
Wie die Aprikosen enthalten Bananen einen hohen Anteil an Kalium. Hinzu kommt, dass sie den geringsten Anteil an Kochsalz haben. Beides empfiehlt sie bei hohem Blutdruck.
Weniger reife Bananen (grün-gelb ohne braune Flecken) sind sehr stärkehaltig und spenden über längere Zeit hinweg Energie. Sie enthalten überdies lösliche Ballaststoffe und bringen so die Verdauung in Gang.
Ganz im Gegensatz zu vollreifen, süßen Bananen (erkennbar an einer zunehmenden Zahl brauner Flecken), deren Fruchtzucker unmittelbar ins Blut geht und einen raschen Energieschub gibt, der allerdings leicht mit Verstopfung bezahlt werden muss. Andererseits sind diese reifen Bananen ein gutes Mittel gegen Durchfall.
Reife Bananen haben noch eine andere überraschende Wirkung. Die Kohlenhydrate, verbunden mit wenig Eiweiß, wirken beruhigend und einschlaffördernd. Darüber hinaus enthalten sie die Stoffe Tryptrophan und Vitamin B 6 als Vorstufen des wichtigen Serotonin, das die Stimmung hebt und »glücklich« macht.
Ein oder zwei reife Bananen genügen, um diese Wirkung zu erzielen, zu beruhigen und gegebenenfalls einzuschlafen.
Eines darf man nicht vergessen, nämlich nach dem Bananenessen die Zähne zu putzen, weil süße Bananen in besonderer Weise Karies fördern.
Bananen enthalten zehn verschiedene Vitamine und achtzehn Mineralstoffe und Spurenelemente. Dazu gehört die Pantothensäure fürs Gehirn und Folsäure fürs Blut.
Mit einer Bananenkur (fünfmal eine kleine Banane zusammen mit etwas Milch) kann man chronische Erkrankungen von Magen und Darm heilen, das Gewebe entwässern und abnehmen. In den kritischen Tagen vor der Menstruation helfen drei große Bananen pro Tag mit ihrem Vitamin B 6-Gehalt, seelische Spannungen zu vermeiden.
Das Kalium und das Magnesium der Bananen schützen Herz und Gefäße. Bei Arteriosklerose und nach Infarkt sollten täglich Bananen gegessen werden (Ayurvedarezept).

Bananen enthalten keinerlei Purin und sind deshalb in besonderer Weise geeignet, Gichtkranken zu helfen. Da sie gleichzeitig entwässern, entfernen sie darüber hinaus die vorhandene Harnsäure aus dem Körper. Eine Bananenkur ist für den Gichtkranken empfehlenswert.
Die Ayurvedamedizin empfiehlt zu süßen Bananen einige Körner roten Kardamom zu essen, da auf diese Weise eine Verstopfung vermieden wird.

Kiwi

Zitrone und die übrigen Zitrusfrüchte lässt sie mit ihrem Vitamin C-Gehalt weit hinter sich, übertroffen wird sie nur von Gemüse-Paprika, Sanddorn und Hagebutte. Natürlich enthält sie auch andere Vitamine und Mineralien, z. B. viel Kalium, Magnesium, Kalzium, Phosphor, aber da ist auch noch ein Enzym wie bei der Ananas, das Actinidin.
Auch dieses Enzym »verdaut« Nahrungseiweiß. Man kann sein Schnitzel auch mit einer Kiwi beträufeln, um das Fleisch mürb zu machen, wenn man überhaupt Fleisch isst.
Ob die übrigen positiven Wirkungen des Bromelain (entzündungshemmend, wundheilend, Blutgerinnsel verhindernd) vom Actinidin auch geleistet werden, konnte ich leider nicht feststellen. Eines bewirkt aber das Actinidin (wahrscheinlich auch das Bromelain der Ananas), man kann mit Kiwisaft kein Gelee herstellen, wenn man Gelatine benutzt. Das Actinidin löst die Gelatine auf. Also: Agar-Agar verwenden, das ist sowieso besser und außerdem noch «vegetarisch».

Mango

Was die Kiwi beim Vitamin C ist die Mango beim Carotin. Sie enthält darüber hinaus viel Vitamin E, Eisen und ebenfalls Vitamin C. Ihre zellschützenden Flavone wirken zusammen mit dem Eisen Blut bildend. Sie hilft bei Nieren- und Dickdarmentzündungen. Mangos kann man ebenso als wunderbare süße Frucht, wenn sie reif ist, wie auch als Gemüse mit Salz und scharfen Gewürzen essen, so lange sie grün ist. Mango nie im Kühlschrank, sondern in der Küche nachreifen lassen!
Vorsicht! Mangoflecken gehen nie mehr heraus.

Avocado

Die Avocado nennt man auch die »Butter vom Baum«, denn ihr Fleisch besteht zu 30 % aus Fett. Dabei handelt es sich um einfach ungesättigtes Fett, das sich positiv auf das »gute« HDL-Cholesterin auswirkt. Es senkt sanft das LDL-Cholesterin und verbraucht kein Vitamin E. Es heißt, die Avocado sei ein Balsam für Herz und Gefäße. Sie enthält alle lebenswichtigen Aminosäuren. Sie enthält Carotin, Vitamin C und E. Ihr Kalium-Gehalt kommt dem Herzen zugute, Kalzium, Eisen und Phosphor unterstützen Blutbildung und sind eine Wohltat für die Nerven. Dazu kommen die B-Vitamine, vor allem Folsäure und Pantothen-Säure, die keine andere Frucht in so großer Menge enthält.
Die Kombination dieser Inhaltsstoffe machen die Avocado zu einer Wohltat bei Stress, Nervosität und Schlaflosigkeit. Man sagt, sie helfe auch bei nervös bedingter Impotenz.
Die Ureinwohner Amerikas haben die Avocado zerdrückt und zur Heilung von Wunden verwendet. Die Asiaten wenden sie an bei Magen- und Darmgeschwüren und Koliken. Frauen hilft die Avocado bei Störungen der Monatsblutung. Schließlich kann man noch Hautcremes und Gesichtsmasken aus dem Avocadofleisch machen.

Zum Schluss auch hier der Hinweis, dass man Früchte je nach ihren Inhaltsstoffen und den sich daraus ergebenden gesundheitlichen Wirkungen, zur Vorbeugung und zur Heilung von Krankheiten benutzen kann. Auch wenn der Arzt Medikamente gegen eine bestimmte Krankheit oder gegen Schmerzen verordnet hat, sollte man in der obigen Liste diejenigen Früchte suchen, die geeignet sind, bei den jeweiligen Beschwerden helfend zu wirken. Aber man sollte die Liste auch dazu benutzen, Früchte zu vermeiden, die zu den Maßnahmen des Arztes kontraproduktiv sind.

Was man sonst beachten sollte:
Man sollte möglichst reifes Obst kaufen und man sollte möglichst heimisches Obst aus der Region kaufen, wo man wohnt. Lange Versandwege bedingen den Einsatz von Hilfsmitteln (z. B. Wachsen, chemische Tauchbäder usw.). Am besten kauft man beim Produzenten, den man kennt.

Kaufen Sie möglichst biologisch angebautes Obst, das z. B. als »Demeter«, »Bioland«, »Naturland«, »Herkunftsland Baden-Württemberg« usw. ausgewiesen ist.

Das Obst gut waschen oder im Zweifelsfall dünn schälen, lieber ein bisschen mehr essen.

Der Vitaminverlust ist umso größer, je kleiner Obst zerschnitten ist. Daher auch beim Herstellen eines Fruchtsalats die Früchte so kurz wie möglich vor dem Verzehr schälen und schnitzeln.

Ein paar Tropfen Zitrone verzögern übrigens den Vitaminverlust. Sie verhindern überdies, dass geschnittene Äpfel braun werden.

Gemüse

von Werner O. Feißt

Beim Thema Gemüse komme ich ins Schwärmen. Wenn es in der fleischlosen Küche Delikatessen gibt, dann sind es die Gemüse, ja ich scheue mich nicht zu sagen, fleischlose Küche hin oder her, das Beste sind immer die Gemüse. Ich liebe Gemüse. Ich liebe Karotten und ich liebe Erbsen, ich liebe Bohnen und Spinat und Lauch und Rosenkohl, Rüben und die verschiedenen Kohlsorten, Mangold und Auberginen, Artischocken und Kürbis, Schwarzwurzeln und Spargel, Pastinaken und Bodenkohlrabi, Zwiebeln und Knoblauch nicht zu vergessen.

Kathrin und ich haben ein ganzes Buch über Gemüse geschrieben, dort finden Sie Geschichten und Kulturgeschichte, Einkauftipps und Tipps zum Anbauen und Lagern und nicht zuletzt natürlich Rezepte zur Zubereitung (Rüegg/Feißt, Gemüse nach Großmutterart, Rezepte und Geschichten, Verlag Müller Rüschlikon).

Auch die Gemüse sind wie die Früchte Teil jener phantastischen Naturapotheke namens Küche, aus der man so viel für seine Gesundheit tun kann.

Gemüse, das sind im Wesentlichen die essbaren Teile gewisser Pflanzen: Blätter wie Spinat, Mangold, Blattsalat, Kohl, Triebe wie Spargel und Lauch, Blüten wie Blumenkohl, Brokkoli, Artischocken, Früchte wie Erbsen, Bohnen, Paprika, Tomaten, Auberginen, Wurzeln wie Karotten, Pastinaken, Schwarzwurzeln.

Sie enthalten in konzentrierter Form lebensnotwendige Nähr- und Wirkstoffe, Kohlenhydrate, Eiweiß, sogar Fett, Mineralien und Vitamine. Und das, was der Körper nicht verdauen kann, die festen Zellulosebestandteile, die nützen ihm erst noch, weil sie als Ballaststoffe den Darm füllen und beschäftigen und dabei Schädliches aufsaugen und mit sich nehmen.

Gemüse sind zusammen mit den Getreideprodukten der wichtigste Teil einer vollwertigen Ernährung. Dabei ist das Adjektiv »vollwertig« für mich ideologiefrei. Ich verstehe unter einer vollwertigen Ernährung eine solche, die dem Körper alles das gibt, was er für seine Körperfunktionen braucht.

Daneben enthalten die meisten Gemüse jenen Stoff, der ihre grüne Farbe ausmacht und dessen Anwesenheit die Pflanze braucht, um aus Luft und Wasser und Mineralien Kohlenhydrate und was sie sonst noch zum Leben braucht aufzubauen.

Und dieses Chlorophyll hilft unserem Körper beim Aufbau unserer Zellen.

Es unterstützt die Leber beim Entgiften des Körpers. Es unterstützt die Bildung roter Blutkörperchen.

Es erweitert die feinsten Blutkörperchen, die Kapillaren, und senkt so den Blutdruck. Es stärkt die Immunabwehr. Es bewirkt eine gesunde Darmflora. Es hemmt die Entwicklung Krebs erregender Substanzen im Körper.

Leider aber ist das Chlorophyll sehr hitzeempfindlich. D. h. gekocht verlieren die grünen Gemüse ihren Wert aus dem Chlorophyll. Man sollte regelmäßig Grünes roh essen.

Nun sind nicht alle Gemüse grün. Da gibt es ja auch die gelben und roten Paprika, die dunkelblauen Auberginen, das blaurote Rotkraut, die orangen Karotten. Diese farbigen Gemüse zeigen an: Wir enthalten Bioflavonoide! Diese noch weitgehend unerforschten Stoffe sind von besonders positiver Wirkung auf unseren Körper (siehe auch Kapitel Früchte). Und die bunten Früchte und Gemüse weisen auch auf ihren hohen Gehalt an Beta-Carotin hin, das als Vitamin eine so große Bedeutung hat, und den Gehalt an Vitamin C und E.

Nach einer Untersuchung der Harvard Medical School vermindert natürliches Beta-Carotin das Sterberisiko durch Herzinfarkt um sensationelle 44 %. Das verlangt aber eine tägliche Aufnahme von 50 mg Beta-Carotin, und dazu muss man täglich ein Pfund Obst und Gemüse essen. Diese Menge entspricht im Übrigen dem Minimum dessen, was die Deutsche Gesellschaft für Ernährung (DGE) und die Deutsche Krebsgesellschaft mit ihrer Aktion »Five a day, fünfmal täglich Obst und Gemüse« empfehlen und was unser Ernährungswissenschaftler Dr. Nicolai Worm in unseren Sendungen bereits vor 10 Jahren empfohlen hat (3 Portionen Gemüse mit ca. 300 bis 400 g insgesamt, davon die Hälfte roh, und zwei Portionen Obst mit insgesamt 250 bis 300 g). Auf alle Fälle jeden Tag etwas Grünes, etwas Gelbes, etwas Rotes!!

Und da liegt weithin das Problem: Wir essen zu wenig Gemüse in Deutschland. Mit durchschnittlich 120 bis 200 Gramm pro Kopf erreichen wir noch nicht einmal die Hälfte der empfohlenen Menge. Als positives Beispiel werden da gern die Menschen am Mittelmeer genannt, die Italiener, die Griechen, die Spanier und die Türken und nicht nur sie. Sie alle verbrauchen, sprich essen, in ihrer traditionellen Küche die genannte Menge an Obst und Gemüse spielend.

Das ganze Elend deutschen Gemüseessens erlebt man in so vielen Gasthäusern beim Anblick jener elenden zwei Löffel – meist verkochter – Gemüse, die als «Beilage» gereicht werden.

Kohlenhydrate, Eiweiße, Fette, Mineralien, Vitamine sind die primären Inhaltsstoffe der Gemüse. Aber wir essen Gemüse ja nicht nur wegen dieser primären Inhaltsstoffe. Wir essen Gemüse, weil Gemüse so gut schmeckt, und Gott sei Dank hat so gut wie jedes Gemüse seinen eigenen unverwechselbaren Geschmack. Geschmacksstoffe, z. B. ätherische Öle, gehören also auch zu den Inhaltsstoffen der Gemüse. Aber wenn man anfängt zu analysieren, findet man Inhaltsstoffe schier ohne Ende. Sekundäre Inhaltsstoffe heißen sie. 30.000 sind davon den Wissenschaftlern schon bekannt. Man kann's fast nicht glauben. Und diese Stoffe – man soll eineinhalb Gramm von ihnen mit dem täglichen Gemüse zu sich nehmen – haben Wirkungen in unserem Körper, die erst allmählich erforscht werden. Bekannt sind viele dieser Wirkungen schon von alters her, aus der Erfahrung des Volkes. Nicht jedoch die Stoffe selbst und die Art ihrer Wirkung.

Generell kann man ihre Wirkungen so zusammenfassen:

– Sie wirken gegen Krankheitserreger, Viren, Bakterien, Pilze der verschiedensten Art.
– Sie schützen vor Krebs oder hemmen doch wenigstens die Entwicklung von Krebsgewebe.
– Sie wirken gegen die so genannten freien Radikalen, die unsere Zellen vergiften bzw. altern lassen.
– Sie stärken das Immunsystem, erhöhen also die Widerstandskraft des Körpers gegen Krankheiten.

Zum Teil werden diese Stoffe von den Pflanzen zum eigenen Schutz gegen schädliche Umwelteinflüsse produziert: gegen Schädlinge und Krankheiten, gegen schädliche UV-Strahlen.

Kohl

Man hat ihn die Medizin des armen Mannes genannt. Cato, der römische Schriftsteller, der die Tugenden des Römertums hochhielt, behauptete, die Römer hätten sechs Jahrhunderte keine Ärzte gebraucht, weil sie sich traditionell mit Kohl ernährt hätten.

Natürlich sind die Inhaltsstoffe der unterschiedlichen Kohlarten nicht gleich. Aber alle enthalten etwas Eiweiß, kaum Fett und relativ wenig Kohlenhydrate (für Diabetiker interessant).

Kohl enthält viel Beta-Carotin, so rare Vitamine wie B 1, B 2, B 3, Folsäure, und 100 g Weiß- oder Rotkraut enthalten so viel Vitamin C wie ein Glas

Orangensaft. Schon eine normale Portion Kohl deckt den Tagesbedarf. An Mineralien bringt der Kohl viel Kalium, das entwässert und Herz und Nieren stärkt, Kalzium und Phosphor zum Wohl von Knochen und Zähnen, Eisen, das zusammen mit dem Chlorophyll der Blutbildung dient, und das gegen Stress so nützliche Zink.
Da gibt es Senföl, das gegen Krankheitserreger wirkt und der Krebsbildung wehrt. Biostoffe im Kohl stärken die Abwehrkraft, heilen Entzündungen aller Art, kleine Wunden.
Sie stärken die Atemwege (ein Gläschen Kohlsaft mit einem Löffel Honig und einer ausgepressten Knoblauchzehe zweimal täglich). Mit Kohlsaft werden Magen- und Darmgeschwüre geheilt, außerdem Verbrennungen und Akne. Mit dem Wallholz zerdrückte Kohlblätter, auf schmerzende Gelenke aufgelegt, heilen Gelenkschmerzen, helfen auch bei Verletzungen, Verbrennungen, Frostbeulen, blauen Flecken, Geschwüren, Brandblasen, Stichen, Gürtelrose, Neuralgien.
Schon eine Portion Kohl pro Woche senkt das Risiko für Darmkrebs erheblich.

Bei Krampfadern, Venenentzündungen und offenen Beinen helfen Umschläge mit Rotkraut: Den Krautkopf fein hobeln, die Schnitzel dick in ein Tuch geben und zweimal täglich frisch für 20 Minuten auf die kranken Stellen legen.

Natürlich sind viele Biostoffe im Kohl hitzeempfindlich wie z. B. Chlorophyll und Vitamin C. Deshalb sollte man Kohl so viel wie möglich roh oder als Sauerkraut essen.

KOCHTIPP: Den mundgerecht geschnittenen Kohl in nicht zu viel Wasser mit Meersatz kochen.
Nicht zudecken, damit die blähenden Stoffe entweichen. Nach 10 Minuten etwas Fett, Butter oder Olivenöl zugeben. Nach 15 Minuten ist der Kohl gar, hat allerdings noch etwas »Biss«. Es ist empfehlenswert, bei der Zubereitung verdauungsfördernde Gewürze oder Kräuter beizufügen (Kümmel, Fenchel), um auch so den Blähungen entgegenzuwirken.

Vorsicht! Zu Kohl nie ein süßes Getränk zu sich nehmen, z. B. Apfelsaft. Sonst bekommt man mit Sicherheit Blähungen, weil durch den Zucker die Ballaststoffe im Darm zu gären beginnen. Man sollte auch keine Milch dazu trinken!

Wirsing

Sein Gehalt an Inhaltsstoffen entspricht dem von Weiß- und Rotkohl. Die Anteile sind allerdings anders. Besonders hoch ist sein Gehalt an Vitamin C.

Wirsingblätter, bei denen man die Rippen entfernt hat, kann man kurz in den heißen Backofen oder kochendes Wasser legen. Dann werden sie mit dem Wallholz zerdrückt und auf schmerzende Stellen, z. B. Bauch, Brust, Kreuz, Gelenke, Muskeln gelegt. Sie lindern den Schmerz.

Blumenkohl

Entstanden aus der Kohlblüte, ist der Blumenkohl der zarteste und damit auch bekömmlichste Vertreter der Kohlfamilie. Damit eignet er sich für Magen- und Darmpatienten. Er hat viele der guten Kohleigenschaften: Er reinigt den Körper, hilft damit bei Asthma, Arthritis, Nieren- und Blasenleiden. Sein Jodgehalt gebietet dort Vorsicht, wo eine Schilddrüsenüberproduktion vorliegt.

Als Rohkost schmeckt der Blumenkohl wunderbar, wenn man ihn fein raspelt und mit ebenso fein geraspelten Äpfeln vermischt, etwas Zitro-

nensaft dazu oder etwas Sauerrahm und ein paar Walnüsse als Verzierung.

Brokkoli

Sein Kaloriengehalt ist fast ebenso niedrig wie der von Blumenkohl, aber er hat einen erheblich höheren Gehalt an Vitaminen und Mineralien: Vitamin C , B-Vitamine, besonders viel Beta-Carotin (15-mal mehr als Blumenkohl!), Folsäure, viel Kalzium, Kalium, sehr wenig Natrium.
Sein Kalziumgehalt ist so hoch, dass vor allem ältere Frauen, die als Osteoporosevorbeugung viel Milch trinken sollen, anstelle dessen auch Brokkoli essen können, um den Bedarf an Kalzium zu decken. Außerdem kräftigt er die Zähne. Der Kaliumgehalt, verbunden mit wenig Natrium, ist wertvoll für Herz und Nieren und senkt den hohen Blutdruck. Der hohe Carotingehalt nützt Augen, Haut und Nerven, vermindert das Risiko von Herzinfarkt, Schlaganfall, Katarakt, Krebs. Bestimmte sekundäre Inhaltsstoffe wirken außerdem krebshemmend. Bereits ein bis drei Brokkolimahlzeiten pro Woche senken das Krebsrisiko erheblich.
Der hohe Gehalt an Folsäure ist interessant für Schwangere, er senkt das Risiko einer Fehlgeburt und gewisser Missbildungen (Spina bifida!). Zusammen mit dem Gehalt an Eisen fördert er die Blutbildung und wirkt Blutarmut entgegen.

Kohlrabi

Der Vitamingehalt des Kohlrabi, Vitamin C, Beta-Carotin, B-Vitamine sowie der Gehalt an wertvollen Mineralien, Phosphor, Kalium, Magnesium, Jod und Kalzium, ist in den Blättern zwei- bis dreimal so hoch wie in der Knolle. Darum sollte man beim Einkauf nicht nur auf die Frische achten, sondern auch darauf, dass einige junge unverwelkte Blättchen an der Knolle sind. Diese sollte man, kurz bevor das Kohlrabigericht gar ist, klein schneiden und über das Gericht streuen.
Das Magnesium des Kohlrabi wirkt positiv auf das Herz, auf die Blutbildung und zur Verhinderung von Arteriosklerose. Sein Gehalt an Kalzium kräftigt die Knochen und die Zähne.
Kohlrabi wirkt bei spröden Fingernägeln, bei Zahnfleischbluten und Paradentose. Schließlich regt er Galle und Nieren an.

Rosenkohl

Rosenkohl enthält wertvolles Pflanzeneiweiß, was natürlich bei einer fleischlosen Kost interessant ist. Sein hoher Vitamin C-Gehalt ist gerade im Winter, wenn Rosenkohl auf dem Markt ist, wichtig. Rosenkohl stärkt den Zellaufbau und soll so Arteriosklerose und Krebs verhindern. Er baut seelische und körperliche Spannungen ab und stärkt bei Schwächezuständen.

Rosenkohl enthält Purine! Darum Vorsicht bei Gicht!

Sauerkraut

Zur Sauerkrautherstellung wird fein gehobeltes Weißkraut (oder Rotkraut) in großen Fässern oder Tontöpfen mit einer Mischung von Salz und Zucker zum Gären gebracht. Durch diese Milchsäuregärung entsteht Sauerkraut. Die vielen Wirkstoffe des Kohls bleiben auch nach der Gärung enthalten. Andere kommen dadurch hinzu.
So enthält Sauerkraut das Vitamin B 12, das sonst nur in tierischen Nahrungsmitteln, vor allem Leber, in Pilzproteinen, Algen, Bier enthalten ist. Die Enzyme des Sauerkrauts können gegen Erkältungen wirken, sie fördern außerdem die Darmtätigkeit, so dass Sauerkraut so recht für eine Frühjahrskur geeignet ist.
Es ist die Milchsäure, die bei der Ausscheidung von unerwünschten Stoffwechselprodukten hilft

(»Sauerkraut ist ein rechter Besen für Magen und Darm, nimmt die schlechten Säfte und Gase fort, stärkt die Nerven und fördert die Blutbildung«, so lobt Pfarrer Kneipp das Sauerkraut). Zu den unerwünschten Stoffwechselprodukten gehört auch die Harnsäure, die das Sauerkraut auszuscheiden hilft. Es entlastet auch Bauchspeicheldrüse und Leber. Schließlich wirkt Sauerkraut keimtötend (z. B. bei Darminfektionen) und hindert die Entwicklung von Tumoren. Ein Stoff im Sauerkraut hat eine beruhigende Wirkung auf das vegetative Nervensystem. So empfehlen Ärzte depressiven Menschen eine Dreimonatskur mit viel Sauerkraut. Sauerkrautsaft heilt Magen- und Darmentzündungen.
Schließlich muss man noch sagen, dass Diabetiker so viel Sauerkraut essen können wie sie wollen. Sauerkraut ist eine so genannte «freie» Gemüsesorte.

Knollenfenchel

Fenchel ist kalorienarm und sättigt gleichwohl. Er gibt Gerichten, deren Bestandteil er ist, seinen besonderen Geschmack. Wie das Gewürz, so fördert auch der Gemüsefenchel die Verdauung und ist ein bewährtes Hausmittel bei Blähungen und Sodbrennen. Er löst Darmkrämpfe. Auch der Gemüsefenchel enthält Stoffe, die dem Östrogen, dem weiblichen Sexualhormon, verwandt sind. So ist er ein natürliches Medikament bei Problemen der Monatsblutung und fördert bei stillenden Müttern die Milchbildung. Empfohlen wird der Fenchel vor allem für Frauen in den Wechseljahren und bei Beschwerden, die durch Östrogen-Überproduktion hervorgerufen werden.
Fenchel wirkt bei Husten schleimlösend, und schließlich senkt er durch seinen hohen Kaliumgehalt den Bluthochdruck.
200 g gedünsteter Fenchel decken etwa ein Viertel des täglichen Kaliumbedarfs eines Erwachsenen.

Vorsicht! Vermeiden Sie Fenchel als Gemüse und als Gewürz während der Schwangerschaft. Er kann Gebärmutterkontraktionen hervorrufen.

Zwiebel

Man hätte sie ebenso wie unter »Gemüse« im Kapitel »Kräuter und Gewürze« behandeln können. Aber sie ist eben auch mehr. Ein Zwiebelgemüse oder ein Zwiebelsalat, eine Zwiebelsuppe oder ein Zwiebelkuchen sind delikate Gerichte, die allesamt zeigen, dass die Zwiebel sehr wohl zum Thema »Gemüse« gehört. Wer gerne gut und schmackhaft kocht, der wird sie auch als Gewürz verwenden, in Suppen und Saucen, Gemüsegerichten und Eintöpfen.
Dabei wissen es die Großmütter seit undenklichen Zeiten, die Zwiebel ist mehr noch als Gemüse und Gewürz, sie ist ein Heilmittel. Die moderne Medizin bestätigt es. Sie enthält Vitamine, Kalium, Kalzium, Phosphor, Eisen, Jod und Selen. Das, was in den Augen so beißt und sie tränen lässt beim Zwiebelschneiden, das ist eben das Besondere der Zwiebel, was sie so auszeichnet: die Phytonozide, schwefelhaltige ätherische Öle. Zwanzig einzelne sekundäre Inhaltsstoffe sind daraus isoliert worden und jeder Einzelne hat seine besondere Wirkung.
Die Zwiebel enthält auch Hormone. Darunter eines, das dem Insulin ähnlich ist und hormonähnliche Stoffe wie das Prostaglandin A, das hohen Blutdruck senkt.
Außerdem senkt die Zwiebel hohe Cholesterinwerte, hohen Blutzucker und verhindert das Verklumpen der Blutplättchen.
Durch den hohen Kaliumgehalt aktiviert die Zwiebel die Nieren und leitet so überflüssiges Wasser aus, unterstützt damit die Herztätigkeit, während die Senföle die Drüsen des Körpers, vor allem im Magen-Darmbereich anregen. Damit steigern sie den Appetit, sorgen für eine geregelte Verdauung

und helfen Leber, Galle, Pankreas. Wenn man von Blutreinigung und Entschlackung redet, so muss man daher zuallererst an die Zwiebel denken, die überdies auch noch antiseptisch wirkt und unwillkommene Bakterien, Viren und Pilze im Körper abtötet. Sie trägt zu einer gesunden Darmflora bei, bekämpft Darminfektionen und Darmparasiten. In der Lunge dringen die wirksamen Stoffe bis in die feinsten Kapillaren, lösen den Schleim, fördern das Abhusten, befreien die Atmung, helfen sogar bei Asthma.
Zwiebeln wirken gegen Entzündungen, innerlich und äußerlich, und durch ihre blutreinigende Wirkung helfen sie bei Rheuma, Arthritis und Gicht. Schließlich beruhigen sie die Nerven, fördern den Schlaf und schaffen einen klaren Kopf.

Bei Erkältungen wirken Zwiebeln Wunder. Bei beginnendem Schnupfen halbiert man eine Zwiebel und reibt mit der Schnittfläche die Fußsohle ein. Ein Wollsocken, darüber! Und ab ins Bett. Der Schnupfen wird gar nicht erst kommen.
Ist er doch gekommen, dann hilft ein Umschlag um den Hals mit fein gehackten, rohen Zwiebeln, die man in ein Mulltuch gibt und mit einem Wollschal bedeckt.
Babys mit Schnupfen bekommen eine freie Nase, wenn man über ihrem Bettchen im Atembereich ein Säckchen mit klein geschnittenen Zwiebeln aufhängt.
Bei Husten hilft ein Zwiebelsirup: Man hackt eine große Zwiebel ganz fein und gibt sie mit drei Esslöffeln Honig in ein verschließbares Glas. Nach 24 Stunden kann man den Sirup in eine Flasche abfüllen und löffelweise einnehmen.

Bei Migräne hilft die Einreibung mit einem Gemisch aus Zwiebel und Zitrone.

Ohrenschmerzen vergehen, wenn man einen Zwiebelwickel aufs Ohr macht.

Bei Insektenstichen (Biene, Wespe, Hornisse) reibt man die Einstichstelle nach Entfernen des Stachels mit der Schnittfläche einer halben Zwiebel ein, und wenn man das Unglück hat, ein solches Insekt zu verschlucken und es sticht einem in den Rachenraum, dann hilft das Essen einer rohen Zwiebel vor dem Ersticken, bis der Arzt eintrifft (Arzt unbedingt zuziehen).

Knoblauch

Mehr noch als die Zwiebel ist der Knoblauch ein Gewürz. Seine großartigen Wirkungen für die Gesundheit werden allerdings durch die Angst vor dem Geruch vereitelt, die die meisten Menschen – wenigstens in unserem Kulturraum – vor dem Knoblauch haben. Die Werbung für gewisse Knoblauchtabletten verspricht wirklich nicht zu viel, Knoblauch ist ein Mittel, um lange zu leben, bei guter Gesundheit und ohne Krebs. Wer regelmäßig Knoblauch isst, hat entscheidend weniger Probleme mit seinem Herzen und seinem Kreislauf. Er bringt im ganzen Körper Säfte und Funktionen in Tätigkeit. Sein Selengehalt wirkt gegen Krebs und der Stoff Ajoen verhindert die Blutgerinnung und mehr noch, bereits begonnene Verklumpung der Blutplättchen wird durch diesen Stoff rückgängig gemacht. Da Knoblauch auch noch blutverdünnend wirkt, ist er eine rechte Hilfe für das Herz. Cholesterin vermindert er um 10 %. Er stärkt die Immunität, er tötet schädliche Keime ab und ist krampflösend. Ohne die Darmflora anzugreifen, tötet er schädliche Bakterien und Viren im Darm.
Der Stoff Aliin, der bis in die feinsten Kapillaren dringt und für die wohltuende Wirkung des Knoblauchs auf die Arterien verantwortlich ist, ist auch schuld an dem Knoblauchgeruch, den der Knob-

lauchesser nicht nur mit seinem Atem verströmt, sondern aus allen Poren seines Körpers. Dabei muss man, um die volle Wirkung der Segnungen des Knoblauchs zu empfangen, vor allem für das Herz und die Gefäße, mindestens zwei Zehen am Tag essen. Natürlich kann man den Frischknoblauch auch durch das Einnehmen von Knoblauchtabletten ersetzen, aber aus dem genannten Grund riecht auch der, der Knoblauchtabletten einnimmt. Wie sollte sonst der Knoblauch wirken? Bei Ingeborg Münzing-Ruef lese ich, dass der geschnittene Knoblauch 30 Minuten ruhen muss, bevor man ihn in den Kochtopf oder die Salatschüssel gibt. Nur so könne das wirksame Enzym Alinase seine volle Kraft entfalten.

Knoblauchbrei hilft bei Bronchitis, wenn man ihn mit einem Esslöffel Zitronensaft und einem Esslöffel Honig mischt und täglich einnimmt. Der Knoblauchbrei soll auch Warzen und Hühneraugen sowie Fußpilz vertreiben. Schließlich kann man bei Ischias und Hexenschuss die schmerzenden Stellen mit einem Brei aus Knoblauch und Olivenöl einreiben, mit einem Wolltuch abdecken, über Nacht wirken lassen und diese äußerliche Maßnahme durch das fleißige Essen von Knoblauch unterstützen.

Lauch

Er gehört zur gleichen Familie wie Zwiebel und Knoblauch, aber er schmeckt milder und er hinterlässt beim Esser höchstens eine geringe Duftspur. Seine Inhaltsstoffe entsprechen im Wesentlichen denen der Zwiebel. Außerdem enthält er das Vitamin B 1 und besonders viel Vitamin C. Die Senföle kurbeln die Arbeit von Leber und Galle an und wirken über die Nieren stark entwässernd. Darum sollte, wer an Harnsäurepoblemen leidet, Rheuma und Gicht hat, viel von diesem Gemüse essen. Sein hoher Anteil an Pflanzenschleimen und Ballaststoffen wirkt verdauungsfördernd, wobei er gleichzeitig den Darm reinigt und kräftigt. Seine Mineralstoffe sind für Kinder im Wachstum und Senioren sehr nützlich.

Spargel

Bis in die Neuzeit hinein war Spargel offizinell, d. h. man konnte ihn in der Apotheke kaufen, so hoch war seine Heilwirkung geschätzt. Heute schätzt man um so höher seinen feinen Wohlgeschmack. Er ist vielleicht der König der Gemüse, was auch dadurch unterstrichen wird, dass er am besten dort schmeckt, wo er wächst und längstens ein paar Stunden nach dem Stechen. Unter anderem ist sein niedriger Brennwert bemerkenswert. 100 g haben höchstens 20 kcal, umso größer ist sein Anteil an Ballaststoffen. Der Spargel, der ja der Trieb der Spargelpflanze ist, enthält dementsprechend reichlich Beta-Carotin, Vitamin C und Vitamine des B-Komplexes. An Mineralstoffen: Kalium, Phosphor, Kalzium, Eisen und Jod. Also alles, was der Blutbildung und dem Aufbau der Knochen dient. Natürlich gibt es auch sekundäre Inhaltsstoffe, Glykoside, Flavone, Saponine und das Asparagin, eine Aminosäure, also ein Eiweißbaustein, der etwas mit dem Harnstoffwechsel zu tun hat. Er regt die Nieren derart zu ihrer Tätigkeit an, dass man meist schon in weniger als einer Stunde nach dem Spargelessen zur Toilette gehen muss und dann das Asparagin riecht. Man sagt dem Spargel nach, er könne sogar Harnsäurekristalle aus der Niere und der Muskulatur ausspülen, und dann liest man wieder in der Liste der Nahrungsmittel, die derjenige vermeiden sollte, der Gicht hat, den Spargel. Ich vermute, dass er deswegen auf diese Liste gekommen ist, weil bei der rabiaten Ausschwemmung von Harnsäurekristallen der Spargel einen Gichtanfall auslösen kann (was übrigens gewisse Medikamente gegen Harnsäureansammlungen mit dem gleichen Effekt tun).

Wegen der starken Nierenreizung sollten ihn Nierenkranke nun wirklich nicht essen.
Ayurveda-Ärzte verordnen, bei Impotenz ein bis zwei Teelöffel Spargelwurzelpulver mit Milch 20 bis 40 Tage als Kur einzunehmen. Sie empfehlen auch Spargelsud bei Herzklopfen, Nervenentzündungen und Lähmungen. Spargel hilft bei Verstopfung, bei Galle- und Leberleiden, und er wird bei Hautkrankheiten und Ekzemen als Kur empfohlen.

Artischocke

Einstmals war sie ein Luxusgemüse der Reichen. Heute ist sie innerhalb der EU ein preiswertes Gemüse geworden, von dem man die Blattansätze und die Blütenböden isst. Sie enthält einen Stoff namens Cynarin, der Leber und Galle bei der Durchblutung hilft und bei der Entgiftung. Er lindert Übelkeit und Brechreiz und wird angewendet bei Gallensteinleiden.
Die Artischocke enthält etwas Eiweiß, Carotin, die Vitamine B, C und E und anstelle der Stärke ein gehöriges Maß an Inulin. Inulin (nicht Insulin!) baut Harnstoff ab und wird zur Förderung der Nierenausscheidung verwendet. Es senkt das Blutfett und das Cholesterin. Die Naturmedizin verwendet die Artischocke bei allen Stoffwechselkrankheiten wie Rheuma, Gicht, Fettsucht, Drüsenschwäche, Magenübersäuerung, Blasen- und Nierenschwäche. Sie regt die Galle an bei ihrer Saftabsonderung in den Dünndarm. Es wird auch empfohlen, das Kochwasser nicht wegzuschütten, sondern mit Honig gesüßt über den Tag hinweg zu trinken, als Medizin für Leber, Galle und Nieren.
Vorsicht! Gekochte Artischocken müssen schnell gegessen werden. Es entwickeln sich in ihnen nach 48 bis 72 Stunden Gifte.

Grüne Salate

Die Auswahl an grünen Salaten ist inzwischen unglaublich angewachsen. Zu Zeiten meiner Mutter gab es den Kopfsalat, den Endiviensalat und den Feldsalat, den wir »Sunnewirbeli« nennen. Damit war die Salatauswahl erschöpft.
Heute sind der Eissalat, der Eichblattsalat, der Friseesalat, der Lollo Rosso, Lollo biondo, der Batavia, der Romana, der Chicoree, der Zuckerhut, der Radicchio, der Löwenzahn, der Ruccola im Angebot. Aber viel wichtiger als die Sorte, sie haben alle ihre gesundheitlichen Werte, ist die Frage, ob sie auch frisch sind, denn nur frische Salate enthalten die wertvollen Inhaltsstoffe, und dann stellt sich noch die Frage, woher sie kommen: Kann man zum Erzeuger Vertrauen haben oder muss man mit Chemie rechnen? Mit Düngern, Nitraten vor allem und Pestiziden. Sind sie vielleicht an einer Landstraße gewachsen mit ihrem Blei und mit ihrem Gummiabrieb? Unter Umständen ist der Treibhaussalat eine echte Alternative, wenn er von einem verantwortungsbewussten Gärtner oder Bauern stammt.
Eigentlich sollte man jeden Tag wenigstens einmal grünen Salat essen. Am besten geschieht dies am Abend, weil der Salat einen Stoff enthält, das Lactucerol, der den Schlaf fördert. Dieser Stoff beruhigt das ganze vegetative Nervensystem und ist geeignet, den Stress des Alltags aufzufangen und ausklingen zu lassen. Dieser abendliche Salat muss allerdings unbedingt mit Öl angemacht werden, weil das Lactucerol fettlöslich ist und das Öl braucht, um aus dem Salat in unseren Magen zu kommen.
Auch das Carotin, das im Salat steckt, braucht zu seinem Aufschließen Öl.
Natürlich enthält der grüne Salat viel Vitamin C, die Vitamine B 1 und B 2 und die kostbare Folsäure, die das Wachstum fördert und vor allem in der Schwangerschaft interessant ist. Salat enthält hochwertiges Eiweiß, viele Ballaststoffe und reichlich Mineralien: Kalzium, Kalium, Natrium, Phosphor, Eisen, Kupfer, Jod, Spuren von Zink,

Mangan und Selen, und natürlich ist da der grüne Farbstoff, das Chlorophyll, das dem Körper bei der Blutbildung hilft. Dann findet sich noch Asparagin, das beim Spargel erwähnt wurde, das die Nierenarbeit ankurbelt, Harnstoff austreibt. Grüner Salat hilft im Übrigen bei Gicht, Rheuma, senkt den Blutdruck, stärkt den Herzmuskel, die Leber und die Galle. Das gilt vor allem für die bitteren Sorten wie Radicchio, Endivien, Feldsalat, Zuckerhut.

Gurke

Sie hat nur 13 Kalorien auf 100 g und ist daher für den interessant, der abnehmen möchte. Aber nicht nur für ihn. Im heißen Sommer geht nichts über eine Salatgurke im Wandergepäck. Sie löscht den Durst und erfrischt. Gurken wirken sehr harntreibend, haben einen hohen Überschuss an basischen Mineralien (Kalium, Magnesium!), helfen damit Gicht- und Rheumakranken. Leider sind die wirksamen Inhaltsstoffe, auch das Beta-Carotin und ein insulinartiges Hormon, unter der grünen Schale verborgen. Die aber sollte man in aller Regel schälen, wenn man Gurken unbekannter Herkunft im Geschäft kauft, denn Gurken sind Gegenstand arger Chemie. Am besten hat man Gurken im eigenen Garten, dann genügt es, sie zu waschen, wenn man ihre Vorzüge genießen will. Sie sind ein hervorragendes Mittel gegen Verstopfung, die sich mit einem täglichen Gurkensalat beheben lässt. Durch ihre harntreibende Wirkung entlasten sie das Herz und beseitigen geschwollene Beine. Die Bitterstoffe kommen Leber und Galle zugute. Gurkensaft wirkt äußerlich zur Hautreinigung und zur Glättung von Falten. Eine Maske aus zwei Teilen Gurkenbrei und einem Teil Quark erfrischt den Teint und verleiht jugendliches Aussehen.

Kürbis

Man hat ihn erst wieder entdecken müssen, den Kürbis, obwohl er zum Beispiel auf den Feldern der Oberrheinebene immer reichlich gewachsen ist: Schweinefutter. Längst bildet die Kürbissuppe eine Delikatesse in den besten Restaurants, und zu einem Tafelspitz gehören die süßsauer eingemachten Kürbisschnitze, die natürlich in der fleischlosen Küche auch zu einem Kartoffelgericht oder einem Nudelauflauf hervorragend schmecken. Dass so ein Kürbis geradezu eine Beta-Carotin-Bombe ist, sieht man ihm an. Dass entsprechende Bioflavonoide dazukommen müssen, wohl auch. Vier B-Vitamine enthält er. Ein günstiges Natrium-Kalium-Verhältnis zeichnet ihn aus, und dann ist da noch Magnesium, Kalzium, Eisen, Phosphor und Kieselsäure, das den Haaren und den Nägeln zugute kommt. Er ist eine reizarme Speise. Er hilft bei der Behandlung von Bluthochdruck, bei Herz- und Nierenleiden, denn er entwässert sanft, er neutralisiert den Säureüberschuss, hilft gegen Verstopfung und schafft Erleichterung bei Hämorrhoiden. *Bei Ödemen, Wasseransammlungen im Körper, wird zu Kürbistagen geraten, an denen man bis zu fünf Pfund Kürbis isst: das Fleisch wird mit ein wenig Rahm ohne Salz zu einem Brei gekocht. Das isst man über den Tag verteilt.*
Kürbiskerne helfen bei Prostatabeschwerden.

Die **Melone** steht auch auf der zitierten Empfehlungsliste der amerikanischen Krebsexperten und zwar wegen ihrem hohen Anteil an Beta-Carotin. Melonen enthalten zwar 95 % Wasser, aber auch eine Menge an Mineralien, die dem Körper gut tun: Kalzium, Kalium, Phosphor, Magnesium, Eisen, Zink, Nickel, Fluor, Jod. Sie wirken harntreibend und spülen die Harnsäure aus. Darum sind sie interessant für Menschen, die an Rheuma und Gicht leiden.

Zucchini

Dieses Gemüse, das heute in fast jedem Gemüsegarten in Fülle wächst und gedeiht, ist sozusagen eine Vereinigung der guten Eigenschaften von Kürbis und Gurke. Hervorragend ist der hohe Gehalt der Zucchini an Beta-Carotin und – soweit sie grün sind – auch an Blut bildendem Chlorophyll. Natürlich haben sie viel Vitamin C, Kalium, Kalzium, Phosphor, Selen, Schleim- und Bitterstoffe, und so regen sie das Immunsystem an, bringen die Verdauung in Schwung und haben überdies nur 14 Kalorien auf 100 g.

Aubergine

Sie gehört zu den Gemüsen, die erst seit wenigen Jahrzehnten bei uns gekocht und gegessen werden. Ihre besondere Eigenschaft als Gemüse ist, sie schmeckt nach nichts. Erst die Zubereitung macht aus ihr jene delikaten Gerichte, die man vor allem aus der Mittelmeerküche kennt. Dabei stecken eine Menge guter Inhaltsstoffe in ihr. Carotin, die Vitamine B 1, B 2, B 3, Vitamin C und Kalzium, Phosphor, Eisen, Kupfer, Magnesium und ganz, ganz viel Kalium, jenes Element, das für das Herz so gut ist. Dazu kommen Bitterstoffe und eine Reihe sekundärer Inhaltsstoffe, die man noch gar nicht kennt, die die Verdauungsorgane anregen und entkrampfend und entspannend wirken.
Die Ayurveda hält sie für Blut bildend, entwässernd und entzündungshemmend. Wer an Diabetes leidet und an Rheuma, an der Leber und an der Niere, sollte sie essen.

Paprika

Hier geht es um den Gemüsepaprika, der wie Zucchini und Aubergine erst von unseren Gastarbeitern aus dem Süden nach Deutschland gebracht wurde.
Paprika ist eigentlich eine Beere und gehört so betrachtet zu den Früchten und kommt grün und gelb und rot auf unseren Markt, wobei die reife Beere rot ist. Und sie enthält auch die meisten wertvollen Inhaltsstoffe. In 100 g rotem Paprika stecken 400 mg Vitamin C, das ist fast viermal so viel, als ein Erwachsener pro Tag braucht, und sechsmal so viel, als eine Zitrone enthält. Der reife rote Paprika hat einen doppelt so hohen Beta-Carotin-Gehalt wie der grüne. Beta-Carotin schützt gegen Krebs und ist als Antioxidantium zusammen mit den Bioflavonoiden nachweislich ein natürlicher Schutz auch vor Herzinfarkt, Schlaganfall und Katarakten. An Mineralstoffen enthält Paprika Kalium, Kalzium, Magnesium, Phosphor und Eisen. Die Wirkung der Paprika ist roh höher als gekocht, obwohl Beta-Carotin und Bioflavonoide durch das Kochen nicht zerstört werden. Insgesamt erhöht der Paprika die Absonderung der Verdauungssäfte, fördert die Durchblutung des Herzens, steigert die Immunabwehr und dämpft schließlich über die Nebennieren als eine Art natürliches Cortison Schmerz- und Stressreaktionen. Er hilft auch gegen Muskelkater und Arthritis.
Durch die positiven Wirkungen des Gemüsepaprika auf die Leistungsfähigkeit des Herzens und die Durchblutung der Haut nimmt man auf dem Balkan an, Paprika essen halte das Altern auf. Er soll auch den Menschen positiv stimmen, zuversichtlich, seine sexuelle Lust wecken und seine Konzentrationsfähigkeit stärken, sagen sie auf dem Balkan.

Tomate

Es ist gar nicht so lange her, da hat man die Tomaten noch als krebsfördernd diffamiert und Gichtkranke vor ihnen gewarnt. Nun hat die Wissenschaft so positive Dinge entdeckt, dass die Tomate ganz groß »rauskommt«, wäre da nicht die Art, wie viele Tomaten gezogen werden. Sie macht leider misstrauisch. Und wurde da nicht auch schon an ihren Genen herumgespielt?

Aber nehmen wir die Tomate, die in unserem eigenen Garten wächst – oder auf unserem Balkon – und betrachten ihre großartige Wirkung. Sie enthält eine Menge der Vitamine A, B und C, sie hat einen hohen Kaliumgehalt, dazu Magnesium, Eisen, Kalzium, Phosphor, Kupfer und so Rares wie Kobalt, Zink und Nickel. Sie enthält natürliche Hormone und Cortisone, ätherische Öle, Bioflavonoide und organische Säuren. Sie ist kalorienarm, senkt den Blutdruck, entwässert, ist also gut für Herz und Nieren, ist wirksam bei Rheuma, Gicht und Arthritis, sie hilft bei der Blutbildung und beseitigt Durchblutungsstörungen, sie regt die Produktion von Verdauungssäften an und die Bewegungen des Darms, sie vermehrt den Gallenfluss und unterstützt die Leber, sie fördert bei Bronchitis den Auswurf, ist schleimlösend. Ihre Carotine wirken krebsschützend, sie macht munter, entspannt Stress, und am Abend gegessen fördert sie das Einschlafen. Sie schmeckt zwar säuerlich, wirkt aber alkalisch und trägt dadurch bei zur Neutralisierung der Harnsäure. Nur bei Nierensteinen sollte man sich zurückhalten, denn sie enthält auch etwas Oxalsäure.

Vorsicht! Grüne Tomaten enthalten das Gift Solanin, das aber bei Reifung abgebaut wird.

Spinat

Es ist viel geredet und geschrieben worden von dem berühmten Komma bei seinem Eisengehalt, wegen dem Generationen von Kindern hätten Spinat essen sollen. Aber sei es drum. Heute steht der Spinat als eines der wichtigsten Gemüse auf der schon wiederholt zitierten Liste der in den USA zum Krebsschutz empfohlenen Gemüse. Mitsamt seinem Kollegen, dem Mangold, der fast alle Tugenden des Spinates hat.

Spinat hat allen Zweifeln zum Trotz auch bei der berichtigten Zahl viel Eisen. Aber viel wichtiger für die Blutbildung ist das Vitamin Folsäure, das man früher nicht kannte und von dem man heute weiß, wie wichtig es für Zellteilung und Zellneubildung ist, welche Rolle es beim Aufbau von Zellkerneiweiß spielt und der Synthese von DNS und RNS, den Grundlagen der Vererbung. Außerdem ist das Verhältnis von Kalzium und Phosphor sehr günstig für die Förderung des Wachstums und der Stärkung der Knochen. Nachweislich erkranken Menschen, die viel grüne Blattgemüse wie Spinat essen, seltener an Krebs. Bei einer Studie mit 1271 Personen über 66 Jahren nahm das Krebsrisiko um mehr als 2/3 ab, vor allem das Risiko, an Magen-, Haut-, Lungen-, Prostata- und Blasenkrebs zu erkranken. Spinat enthält reichlich die Vitamine C und E und Carotin, die die Anfälligkeit bei Herzinfarkt, bei Schlaganfall, bei Katarakten und Krebs verringern. AMD (Altersmakuladegeneration) ist die Hauptursache für nicht heilbare Blindheit bei Erwachsenen. Nach einer amerikanischen Studie haben Menschen, die oft Spinat und Mangold essen, das geringste Risiko, an AMD zu erkranken.

Der hohe Kaliumgehalt des Spinats wirkt sich bei Bluthochdruck günstig aus.

Vorsicht! Bei Gicht, Nieren- und Blasensteinen sollte Spinat wegen seinem hohen Oxalsäuregehalt gemieden werde.

Grüne Bohnen

Zu den Selbstverständlichkeiten unserer Gärten, die erst seit der Entdeckung Amerikas bei uns sind, gehören die grünen Bohnen. Was vorher unter dem Namen »Bohnen« in Rezepten auftaucht, ist die so genannte »Saubohne«.

Vorsicht! Grüne Bohnen enthalten drei Gifte, die erst nach etwa 15 Minuten Kochen unschädlich gemacht sind, daher niemals grüne Bohnen roh oder nur blanchiert essen. Sie enthalten viel Chlorophyll, hochwertige Kohlenhydrate, die Vitamine Niacin, Pantothensäure, Vitamin C sowie Eisen, Kalium, Kalzium, Magnesium, Phosphor, Bioflavone und Stoffe, die insulinähnlich wirken. Grüne Bohnen fördern die Verdauung sowie die Blutbildung, zusammen mit dem Eisen. Die Pantothensäure wirkt gegen Stress. Man hat neuerdings pektinähnliche Stoffe in den Bohnen gefunden, die den Cholesterinspiegel senken sollen. Naturärzte empfehlen einen Tee aus getrockneten Bohnenschalen, der eine insulinartige Wirkung haben soll, bei Diabetes. Dieser Tee wirkt stark harntreibend und wird bei Nierensteinen, Blasenleiden, Rheuma, Gicht, Ekzemen und Akne zum Trinken wie zu Kompressen empfohlen.

Bohnenschalentee: 4 EL getrocknete Bohnenschalen in 1/4 l Wasser kalt aufsetzen, aufkochen, 5 bis 7 Minuten ziehen lassen, abseihen, schluckweise trinken, 2- bis 3mal täglich eine Tasse.

Erbsen

Erbsen enthalten viel Eiweiß und reichlich Vitamine, vor allem das Vitamin B 1 (Thiamin), das in den Erbsen mehr als in allen anderen Nahrungsmitteln enthalten ist. Vitamin B 1-Mangel ist häufig bei Menschen, die unter Stress leiden, älteren Menschen, Alkoholikern, bei Menschen, die regelmäßig in Kantinen essen. Wird bei dieser Gruppe durch die Nahrung Thiamin zugeführt, verbessert sich sofort der Appetit wie das Allgemeinbefinden. Thiaminmangel kann sich auch durch gierigen Hunger nach Schokolade und Süßigkeiten äußern. Wie Leber enthalten sie viel Protein, Eisen, Zink, Folsäure und B-Vitamine, Vitamin C, Carotine, Ballaststoffe, aber wenig Fett. Ihr hoher Anteil an löslichen Ballaststoffen senkt das schlechte LDL-Cholesterin. Durch ihre Ballaststoffe durchlaufen die Erbsen den Verdauungstrakt langsamer und halten damit den Blutzuckerspiegel und Energiepegel stabil. Gefrorene Erbsen haben den gleichen hohen Nährstoffgehalt wie frische Erbsen. 150 g Erbsen liefern den Tagesbedarf Thiamin.

Zuckerschote

Zuckerschoten enthalten weniger Thiamin als Erbsen, haben jedoch die gleiche Wirkung durch Eisen und Ballaststoffe.

Pilze

Leider ist der Bestand an Wildpilzen in unseren Wäldern so weit zurückgegangen bzw. durch Radioaktivität bedenklich geworden, dass es vorzuziehen ist, Zuchtpilze zu essen. In Frage kommen Champignons, Egerlinge, Austernpilze, Schitake. Pilze sind sehr energiearm. 100 g haben nur 24 bis 27 Kalorien. Sie enthalten jedoch reichlich Eiweiß, was sie für die fleischlose Küche interessant macht, zumal es sich um essenzielle Aminosäuren handelt. Sie enthalten Carotin, die Vitamine B und D, außerdem sehr viele Ballaststoffe. Diese Ballaststoffe verlangen, dass Pilze sehr gut gekaut werden, sonst verlassen sie den Körper unverändert oder sammeln sich zu gefährlichen Klumpen im Verdauungstrakt an. Sie enthalten auch Kalium, Natrium, Magnesium, Phosphor. Leider aber auch Purin, weshalb sie für Gichtkranke nicht geeignet sind.

Der Schitakepilz senkt das Cholesterin um über 10 %, verhindert das Zusammenkleben der Blutplättchen. Er hilft Interferon zu bilden, so dass Virusinfektionen bekämpft werden. Schließlich soll er das Zellwachstum von Krebstumoren in vielen Untersuchungen gehemmt haben.

Veltliner Apfelkuchen

3 Eier
200 g Zucker
100 g Butter, geschmolzen, aber nicht warm
100 ml Milch
350 g Weißmehl (Typ 405)
1 Briefchen Backpulver
1 Pr. Salz
100 ml Weißwein
1 kg Äpfel, geschält geviertelt, Kerngehäuse entfernt, Schnitze in feine Scheibchen geschnitten

Die Eier mit dem Zucker schaumig rühren. Butter, Milch, das mit dem Backpulver vermengte Mehl, Salz und den Wein dazumengen. Sobald der Teig homogen ist, die Apfelscheiben darunterziehen. In eine gebutterte Springform (Durchmesser 24 cm) geben und im auf 180°C vorgeheizten Ofen 1 Std. backen.

Spinatsuppe

1 l Wasser
1 TL Salz
300 g Spinatblätter
2 EL Butter
2 EL Mehl
Pfeffer, Muskat
4 EL süßer Rahm
1 Bund Schnittlauch, geschnitten

Das Wasser mit dem Salz aufkochen. Die Spinatblätter darin einige Min. blanchieren, dann mit dem Schaumlöffel aus dem Wasser nehmen, hacken. In einem separaten Kochtopf die Butter schmelzen, das Mehl beigeben, einige Min. dämpfen. Mit dem Spinatwasser ablöschen. Den Spinat wieder beigeben. Die Suppe würzen. Vor dem Servieren den Rahm über die Suppe geben und mit einer Stricknadel verziehen (siehe Foto). Mit Schnittlauchröllchen bestreuen.

Klassische Teigwaren-Saucen

(auch zum Füllen von Pfannkuchen geeignet,)

Rahmsauce

2 EL Olivenöl
1 Zwiebel, fein gehackt
1–2 Knoblauchzehen, gepresst
500 ml Rahm
100 g Parmesankäse, gerieben
Salz, Pfeffer, Muskat

Das Öl erhitzen, Zwiebel und Knoblauch darin einige Min. dünsten, mit dem Rahm ablöschen, 10 Min. köcheln lassen. Den Kochtopf vom Feuer nehmen, den Käse dazurühren, würzen.

Pilzsauce

30 g getrocknete Steinpilze oder
100 g frische Pilze
Übrige Zutaten siehe Rahmsauce.

Die getrockneten Pilze 1/4 Std. in lauwarmem Wasser einweichen. Wasser wegschütten, Pilze klein schneiden.
Die frischen Pilze putzen und fein schneiden. Nach dem Dünsten von Zwiebel und Knoblauch (siehe oberes Rezept) die Pilze beigeben. Rest wie oben.

Kräutersauce

4 EL Kräuter nach Belieben, auch gemischt
Übrige Zutaten siehe Rahmsauce.
Eine Rahmsauce herstellen, diese vor dem Servieren mit den Kräutern vermengen.

Safransauce

1 Brieflein Safranpulver
Übrige Zutaten siehe Rahmsauce.

In die fertige Rahmsauce noch den Safran einrühren.

Spaghetti mit Tomatensauce

2 EL Olivenöl
2 Knoblauchzehen, gepresst
6 Tomaten, geschält in Schnitze zerteilt, oder
1 Dose Pelati
2 EL Tomatenmark
1 Rosmarinzweig
3 EL Butter
Salz, Pfeffer
3 l Wasser
2 TL Salz
300 g Spaghetti (am besten Spaghettini aus Hartweizengrieß)
Parmesankäse

Das Öl erhitzen, den Knoblauch darin goldbraun anbraten, die Tomatenschnitze, das Mark und den Rosmarinzweig beigeben. Auf kleinem Feuer mindestens 1 $^1/_2$ Std. köcheln, gelegentlich umrühren. Den Rosmarinzweig entfernen, die Sauce durch ein Sieb streichen, aufkochen, die Butter dazurühren, würzen.
Das Wasser mit dem Salz aufkochen, die Spaghetti darin «al dente» kochen (die auf der Packung angegebene Kochzeit beachten!), abgießen, kalt überbrausen. In die Tomatensauce geben und alles mit zwei Gabeln gut durchmischen, heiß werden lassen. Den Käse separat servieren.
Noch ein Blattsalat dazu, und du fühlst dich wie im Tessin.

Spaghetti Dario

Aprikosenparfait

500 g Aprikosen, halbiert, entsteint
1/4 l Wasser
2 EL Zucker
2 Eigelb
50 g Puderzucker
200 ml Rahm, steif geschlagen
evtl. 1 EL Abricot Brandy

Die Aprikosenhälften mit dem Wasser und dem Zucker weich kochen, durch ein Sieb streichen. Eigelb und Puderzucker miteinander schaumig rühren, die Aprikosenmasse beigeben. Den Schlagrahm unterheben und alles in eine Kastenform einfüllen. 2 Std. tiefkühlen.
Vor dem Servieren die Form kurz in heißes Wasser tauchen, das Parfait stürzen, in Scheiben schneiden, evtl. mit dem Likör beträufeln.

Käsefladen (Chäsflade)

250 g Weißmehl
250 g geriebener Appenzeller Käse
1/2 TL Salz
1/2 TL Korianderkörner, zerdrückt
1/2 TL Aniskörner, zerdrückt
400 ml Milch
3 EL Butter

Das Mehl in eine Schüssel sieben, mit dem Käse und dem Salz vermengen, die Gewürze beigeben. Mit der Milch einen dickflüssigen Teig rühren, diesen über Nacht stehen lassen. Eine Springform (Durchmesser 28 cm) ausbuttern, den Teig hineingeben und im auf 220°C vorgeheizten Backofen ca. 30 Min. backen (mit der Stricknadel prüfen, ob der Kuchen durchgebacken ist). Butter dazu reichen. Chäsflade gehört zu saurem Most.

Grießgnocchi

300 ml Milch
3 EL Butter
160 g Grieß
5 Eier
Salz, Pfeffer, Muskat
100 g Parmesankäse, gerieben
3 l Wasser
1 EL Salz

Sauce:

50 g Butter
150 g Gorgonzola
mit der Gabel zerdrückt
5 EL Rahm
2 EL Cognac oder Whisky

Milch, Butter und Gewürze aufkochen, den Grieß hineingeben und so lange rühren, bis sich die Masse vom Topf löst, dann vom Feuer nehmen. Nach und nach die Eier hineinrühren und den geriebenen Käse darunterziehen. Das Wasser mit dem Salz aufkochen. Mit zwei Esslöffeln aus der Masse Klöße ausstechen und diese im Salzwasser gar kochen. Nach etwa 10 Min. herausnehmen, im kalten Wasser abschrecken, gut abtropfen lassen und in eine ausgebutterte Gratinform legen.
Die Butter schmelzen, den Gorgonzola und den Rahm beigeben, auf kleinstem Feuer zu einer Creme verrühren, einige Min. köcheln, den Schnaps beigeben. Die Sauce über die Gnocchi gießen, alles mit Paniermehl bestreuen und im auf 220°C vorgeheizten Ofen 20 Min. überbacken. Blattsalat schmeckt fein dazu.

Maria

Von Kathrin Rüegg

Nicht nur Kochrezepte sind es, die mich an Maria erinnern. Sie hat sich auf die wohl netteste Art ganz viele Denkmäler gesetzt. Nein, nicht nur in meinem Herzen, auch in meinem Garten, in dem viele Pflanzen stehen, die sie mir als Stecklinge schenkte. Und dann ist da noch das Kaminbänkchen, um das herum auch eine Maria-Geschichte rankt. Das Bänkchen, dessen Sitzhöhe etwa derjenigen eines Schemels entspricht, ist aus fast ungehobelten Lärchenholzbrettern zusammengefügt. Auf der einen Seite hat es eine hochgezogene Lehne, auf der andern Seite fehlt diese. Das Bänkchen stand ganz nahe beim Kamin, die Seite ohne Lehne dem Feuer zugewandt. Wie oft bin ich in Marias Wohnstube (die gleichzeitig auch als Küche diente) auf diesem Bänkchen gesessen. Maria und ihr Mann Guido hatten damals zwar schon einen Ölofen. War aber die Zeit zum Schwatzen da, dann brannte in den kalten Jahreszeiten stets auch ein Holzfeuer. Dass die Sitzhöhe des Bänkchens so niedrig war, hatte seinen Sinn: So zusammengekauert war man näher bei den Flammen, der Glut, der Wärme.

Maria und ihr Mann Guido starben kurz nacheinander. Und Odivio ließ das Haus umbauen. Es gab einen neuen, modernen Kamin, vorne verglast, damit man die Wärme besser nutzen konnte. Das Bänkchen war unnütz geworden und landete in einem Schuppen. Irgendwann bat ich Odivio um irgendein Werkzeug, er holte es aus dem Schuppen – und da entdeckte ich das Bänkchen.
»Schade, dass es so unnütz da drin steht. Ich habe viele schöne Stunden lang darauf gesessen und deine Eltern haben mir dabei viel Interessantes von früher erzählt ...«
Der Sommer verging, der Herbst kam. Und am Tag vor Allerseelen fragte mich Odivio, ob ich ihm für das Grab seiner Eltern einen großen Blumenstrauß binden könne. Er arbeitete damals noch im Tal, fuhr mit dem Motorroller zur Arbeit. Auf einem Roller lassen sich Blumen schlecht transportieren. »Aber nicht, dass du meinst, mir diesen Blumenstrauß schenken zu müssen«, fügte er beinahe drohend an seine Bitte.
»Klar, mach ich doch«, antwortete ich – und plünderte den Garten rings ums Haus. Ich habe nie mehr einen schöneren Blumenstrauß gepflückt. Alle letzten Blumen fügte ich zusammen zu einem Strauß, der würdig war, das Grab von Odivios Eltern zu schmücken.

Dann brachte ich ihn zu Odivio. Der zückte seinen Geldbeutel.
»Und – was kostet das jetzt?«
»Nichts – einfach nichts«, sagte ich. »Der Strauß ist nämlich nicht für dich. Er ist für deine Eltern. Und die können mir aus der Himmlischen Kasse nichts bezahlen. Wie käme ich mir vor, wenn ich für meine Blumen einen Preis verlangen würde. Blumen, die ich für Menschen, die ich so gerne hatte, gepflückt habe.«

Odivio bedankte sich sehr, sehr unwirsch. Ich ging wieder heim, über den Fluss und den Berg hoch. Ich war noch keine Viertelstunde zu Hause, als ich ihn auch hochkeuchen sah, das Bänkchen unter dem Arm.
»Da«, sagte er barsch, »wenn du schon keine Bezahlung aus dem Himmel haben willst, dann nimm eben diese irdische Bank!« Mit einem Knall stellte er mir das Bänkchen vor die Füße und ging – irgendetwas wütend vor sich her brummend – wieder bergab.

Werner

Von Kathrin Rüegg

Ja, der Werner (und mit ihm stets seine Assistentin Annette) ist natürlich auch Gast in meinem Haus. Eine Art Spezialgast. Um es im Jargon der politischen Berichterstattung zu sagen: Er genießt bei mir einen Sonderstatus. Ihn und Annette bloß als Gäste zu bezeichnen, ist zu wenig.
Sie kommen einmal pro Monat für mindestens vier Tage. Wenn es nach Werner ginge, lieber für länger. Aber ich habe da noch einige andere Aufgaben ...

Natürlich wohnt er nicht hier. Er residiert in einem schönen Hotel in Locarno – mit Blick auf den See. Das ist das Tessin, das er liebt (und das ich meide, wo ich kann, weil es mir dort zu heiß, zu stickig, zu städtisch und zu menschenüberfüllt ist).

Für eine Sendung (von schließlich 28 Minuten und 30 Sekunden) berechnen wir zwei Arbeitstage für Vorbereitungen. Zuerst besprechen wir das zu bearbeitende Thema generell, wälzen Rezeptbücher, lesen uns gegenseitig Rezepte vor, die in Frage kommen könnten. Unsere Kriterien sind:

- Arbeitsaufwand
- Materialaufwand (Rezepte mit in Deutschland schwer zu beschaffenden Zutaten fallen sofort weg)
- Preis der benötigten Lebensmittel
- Wird das fertig gekochte Gericht auch fotogen sein?
- Schmeckt es so, dass sich Material- und Arbeitsaufwand lohnen?

Annette erstellt eine Einkaufsliste, nachdem wir gezählt haben, wie viele Testesser wir morgen sein werden. Als solche werden natürlich die sich momentan in meinem Haus aufhaltenden Personen zur Verfügung stehen. Diese Zahl schwankt zwischen zwei und zehn Essern. Wenn wir bloß wenige sind, laden wir auch Nachbarn ein, die das sehr spaßig finden. Und die müssen dann kritisch sein und dürfen jaaa nicht aus Höflichkeit sagen, es hätte ihnen geschmeckt.
Eine Sendung pro Monat gilt einer Region, die zweite einem oder zwei bestimmten Lebensmitteln. Eine Regionen-Sendung sollte schließlich ein Menü ergeben mit Suppe, evtl. Vorspeise, Hauptspeise mit Beilagen, Dessert.
Diese Speisen zu prüfen, macht meist mehr Spaß als ein Essen, das aus fünf oder sechs verschiedenen Bohnen- und z.B. ebenfalls mehreren Gurkenrezepten besteht. Man ist dann schließlich auch satt, übersatt sogar, aber irgendwie ist das doch eher unbefriedigend.
Annette bringt das Ganze dann aber doch ins Lot: Sie zaubert immer noch irgendeine kleine Vorspeise und ein Überraschungsdessert auf den Tisch. Denn bei den Vorbereitungen schwingt hauptsächlich Annette den Kochlöffel. Ich bekomme zwar oft auch das eine oder andere Rezept von ihr zugeteilt, das koche ich dann in unserer zweiten Küche. Zu meinem großen Glück gibt es in meinem Haus eine zweite Küche. Sie liegt ebenerdig gleich neben unserm Hof mit dem Nussbaum, ist ja auch unsere Konfitürenküche. Da wirke dann ich und überlasse Annette die große Küche im oberen Stockwerk. Und manchmal gesellt sich dort dann auch Werner dazu, wenn es ein Rezept zu kochen gilt, das ihn besonders interessiert.
Mit Werner im Studio zu kochen, bin ich ja längst gewöhnt. Bei mir zu Hause ist das etwas anderes. Da sollte man dann einerseits wohl selbst ein Rezept ausprobieren, gleichzeitig aber für ihn auch noch den »Gango« und den »Dätschmer« spielen. Für all jene, die nicht alemannisch verstehen: »Gango« heißt auf Schriftdeutsch »Gehe etwas« (tun oder holen). Also: »Gango Kartoffeln oder

Butter oder einen Kochtopf oder einen Deckel holen.«

»Dätschmer« dagegen: »Tätest du mir bitte (aber das »bitte« wird nicht ausgesprochen, dazu sind und waren die Alemannen zu wortkarg) die Zwiebel hacken oder den Kochtopf, in dem etwas angebrannt ist, reinigen oder sagen, wo ich ein Schnapsglas oder den Zapfenzieher finde.«

Wenn Annette das verleidet, schickt sie Werner zu mir – und ich schicke den armen, eifrigen Mann postwendend wieder zurück zu ihr. Er und ich in einer Küche, die halt viel kleiner ist als diejenige im Studio: da ist einer oder eine zu viel drin.

Ja, so ein Mann hat es in unserer Weiberwirtschaft nicht leicht.

Apropos Weiberwirtschaft. Meist ist ja auch meine Mitarbeiterin Susi mit dabei. Ihr verdanken wir die überhaupt beste Idee, wie man Werner behandeln muss, wenn er bei uns ist.

Meist kommen Werner und Annette so zwischen zehn und elf Uhr zu uns, da sie ja zuerst die Einkäufe für den Tag erledigen mussten. Sie haben in Locarno ihre ganz speziellen Geschäfte, in denen sie einkaufen.

Werner hat – man darf das ruhig so bezeichnen – seinen Metzger-Freund. Der erfüllt alle seine (manchmal für Schweizer Konsumentengewohnheiten und deshalb auch für die Lieferanten) recht ausgefallenen Wünsche. Gleichzeitig muss sich Werner aber auch eingehend über den Gesundheitszustand des Metzgers erkundigen, damit er ihn dann entsprechend seinen neusten medizinischen Erkenntnissen beraten kann. Dann gibt es einen speziellen Fisch- und Geflügelhändler in der Altstadt, natürlich einen Früchte- und Gemüsehändler, den sie berücksichtigen. So einkaufen, so ganz ohne Hektik, das macht ihnen Spaß – und dauert eben. Und dann kommt die Fahrt über die unzähligen Kurven bis zu uns. Die Waren werden in meine Seilbahn verladen.

Seit Werner ein Handy hat, ruft er uns dann an, damit wir die Bahn schon hochziehen, bis er und Annette zu uns hochgestiegen sind. Früher genügte es, kräftig zu hupen.

Wir laden die voll beladenen Taschen schon aus. Werner steht noch unten auf der Brücke und kontrolliert die Fische, die man morgens im Fluss beobachten kann.

Annette wird von meinen vor Glück jaulenden Hunden empfangen, die ihr entgegenrennen und sie jeweils beinahe umwerfen.

Und Susi? Ja, sie steht schon in der Küche, brät eine Scheibe Kalbsleber oder streicht ein Käsebrot oder mischt ein kleinen Salat, damit Werner sofort nach seiner Ankunft etwas zu essen bekommt.

Der Weg zu mir hoch ist zwar nicht sehr weit, aber für ältere Leute wie Werner (und mich) doch recht beschwerlich. Und bis er dann bei mir angelangt ist, keucht er vor Anstrengung und verflucht mich bestimmt ganz leise, dass ich an einem Ort wohne, den man nur zu Fuß und erst noch den Berg hochsteigend erreichen kann.

Er setzt sich erst mal auf die Steinbank im Hof, sein Béret (er sagt »Patschkappe«) tief über die Augen gezogen, in Jacke oder Mantel, womöglich noch einen dicken Schal um den Hals, uns den Rücken zugekehrt, die Hände überm Bauch gefaltet und brütet vor sich hin. Mag auch sein, dass er dann meditiert oder einfach verschnauft. Aber dann macht er den Eindruck eines Menschen, der mit sich selbst und überhaupt der ganzen restlichen Welt und uns insbesondere uneins ist. Das ergibt kein gutes Klima für unsere Arbeit. Da frage ich mich dann automatisch, was wir nun wieder falsch gemacht haben.

Bekommt er nun aber seine Zwischenverpflegung, dann ist die Welt für ihn wieder in Ordnung. Kaum riecht er den Duft, der hochsteigt vom Teller, den Susi vor ihn hingestellt hat, strahlt er, verlangt noch ein zweites Stück Brot oder vielleicht noch ein Gläschen Frascati und – alles wird gut!
Merkt euch dieses Rezept, liebe Mitschwestern, wenn ihr einen mürrisch scheinenden (er muss es ja gar nicht sein – nur scheinen) Mann zu betreuen habt!
Es ist schon etwas dran an dem Sprichwort, dass die Liebe durch den Magen geht. Die Liebe braucht erst recht das richtige Arbeitsklima – sogar wenn von Arbeit gar keine Rede ist.
Ja, und dann kochen wir also, essen, prüfen, natürlich beziehen wir alle unsere Gäste mit ein, urteilen, verwerfen, diskutieren, streiten auch manchmal.
Annette und Susi bringen die Küche oder Küchen wieder in Ordnung.
Dann setzen wir uns alle nochmals hin, trinken Kaffee, erwägen die Reihenfolge unserer Rezepte. (Wir planen eigentlich immer zu viele für die Sendung. Diejenigen, die wir dann während der Sendung nicht mehr zeigen können, erscheinen wenigstens in unserer »Montage«, d.h. in der Übersicht der Rezepte zur jeweiligen Sendung.)
Wie es dann so geht, wenn man nach dem Essen zusammensitzt: Man fängt an zu erzählen, sich zu erinnern, zu lachen, da kommt wieder das »weißt du noch«, jener kleine Satz, den man nur mit Freunden teilen kann und der bei mir – je älter ich werde – immer wichtiger wird.
Wir sind alle zufrieden, satt, glücklich, aber etwas müde, weil wir natürlich viel zu viel gegessen haben ...
Aber das muss doch so sein, wenn man bei Werner und mir zu Gast ist!

Ardèche

Von Werner O. Feißt

Eigentlich wollten wir in die Ägäis, Oss und ich und der Zwillingsbruder von Oss, Heiner. Oss hatte mir von Nikos erzählt, dem Kapitän, dessen Kaiki in Kalamata lag. Wir hatten beschlossen, in der Pfingstwoche mit ihm von Insel zu Insel zu fahren. Ich hörte im Geist schon das Tuck-Tuck des Schiffsdiesel. Ich sah das Meer sich am Bug des Schiffs brechen. Das Auf und Ab des Rauschens, wenn Wellen dagegenlaufen. Ich sah uns an Deck liegen, singend und musizierend, ich sah uns Fische fangen und den roten Wein von Porto Carras trinken. Ich sah uns abends in stille Buchten von abgelegenen Ägäis-Inseln einlaufen oder in den Hafen kleiner Fischerdörfer, sah uns in den Tavernen trinken, essen und tanzen. Ich hörte die Lieder und die Musik. Aber es sollte nicht sein. Ein paar Tage vor Pfingsten rief mich Oss an und teilte mir mit, dass Nikos, der Kapitän, nicht auffindbar sei und dass man also diesen Plan fallen lassen müsse. Aber sie wollten an die Ardèche fahren, er und Heiner. Und ob ich mitkommen wollte.

Ardèche, das sagte mir aber auch gar nichts. Als ich das Oss offenbarte, beschrieb er mir das Paradies, auch den Weg dahin. Es hörte sich gut an: über die Autoroute de Soleil, die französische Sehnsuchtsautobahn, durchs Rhonetal, hinunter bis Bollene, knapp hinter den sechs Atommeilern von Pierrelatte und dann über die Brücke vom heiligen Geist, den Pont St. Esprit, zur gleichnamigen Stadt, von der man gern glauben möchte, dass die Mauren bis hierher kamen, und wo die Ardèche in die Rhone mündet. Den Fluss hinauf, an seiner tiefen Schlucht entlang oben auf dem nördlichen Rand, bis die Straße sich wieder zum Fluss senkt, am Pas de mousse.

»Du musst dann hinunterfahren an den Fluss, da ist ein Kanuverleih. Dort kannst du dein Auto parken. Dann legst du deinen Rucksack in ein Kanu und fährst hinüber ans andere Ufer. Du steigst auf dem Geißenpfad über die Höhe und wenn du auf der anderen Seite herunterkommst, siehst du unsere Zelte. Und bring deines mit.«

Ich habe es eingepackt, das Zelt, den Schlafsack und das an Kleidern, was man eben im Outdoor braucht. Bin dann hinuntergefahren an den Genfer See, an Grenoble vorbei, nach Valence. Aber bevor ich auf die große Autoroute hinaufkurvte, habe ich den Supermarkt besucht, direkt an der Auffahrt Valence. Ich habe Wein gekauft und Pastis, bis mein Rucksack voll war. Dann folgte ich dem Weg, den Oss beschrieben hatte.

Die Fahrt mit dem Kanu über den Ardèche-Fluss war ein wenig wackelig. Ich hatte den Rucksack auf dem Rücken behalten, und so war der Schwerpunkt in meinem Kanu zu hoch. Um ein Haar wäre ich in den Fluss gefallen. Aber ich kam drüben an. Als ich auf der anderen Seite des Bergrückens herunterkam, habe ich gesungen. Von unten gab einer Antwort. Bei den Zelten stand der Heiner. »Der Oss ist schon wieder weitergefahren«, sagte er. »Er wollte mit der Gretel ans Meer.«
Einen Moment war ich enttäuscht, aber Heiner war ja da und seine beiden Buben. Ich hab mein Zelt aufgestellt. Wir haben Pastis getrunken mit dem kühlen Wasser aus der Höhle, die neben unseren Zelten als Küche diente. Ich hab Nudeln und Cornedbeef-Sauce gekocht, mit sauren Gurken drin und viel Zwiebeln, Tomaten und Paprika. Das hat nicht nur den Buben geschmeckt.

Nach dem Geschirrwaschen saßen wir auf der Bank über dem Fluss. Die Nacht war gekommen. Sie kommt schneller im Süden als daheim.

Zu Gast bei Kathrin und Werner

Ein dicker Vollmond goss Silber auf den Fluss. Wir sangen unsere Lieder und erzählten Geschichten, bis das Feuer heruntergebrannt und die Weinflasche leer war. Dann gingen wir in unsere Zelte, um zu schlafen. Zehntausend Nachtigallen sangen. Es gibt schlimmere nächtliche Ruhestörungen!

Die Sonne war längst aufgegangen, als ich wach wurde. Heiner holte Wasser für Kaffee. Die Buben von Heiner standen im Fluss, wuschen sich und planschten. Ich kroch aus dem Schlafsack und ging barfuß durch das Gras, um es ihnen gleichzutun. Eine Schlange, dick wie ein Gartenschlauch mit hellen Streifen, flüchtete vor meinem großen Zeh. Das Wasser im Fluss war warm und seidenweich.

Tage am Fluss. Dann und wann war es nötig, ins nahe Städtlein zu fahren, um Lebensmittel zu kaufen. Es war wunderschön.

Dann kam die Zeit für das große Abenteuer, die Fahrt den Fluss hinunter. Vom Pas de mousse bis zum Ende der Schlucht sind es etwa 20 Kilometer, auf denen die Ardèche durch Engen und über Schnellen ostwärts fließt. Manche der Schnellen sind schwierig, die eine oder andere so sehr, dass der wenig geübte Kanufahrer aussteigt und sein Boot an dieser Stelle vorbeiträgt. Die Ardèche ist eigentlich das Reich der Kanufahrer.

Es war zur guten Stunde am Morgen, als wir losfuhren. Heiners Buben in ihren Kunststoffkajaks, Heiner und ich in einem Klepper-Zweier. Diese Fahrt ist unvergesslich schön. Die hohen, steilen grauen Felsen, 100 Meter und mehr, rechts und links, manchmal so dicht beisammen, dass nur für den Fluss Platz bleibt, dann wieder mit kleinen Wäldchen, mit Wiesen, mit Sandbänken. Manchmal bildet das Ufer eine Halbinsel, um die der Fluss herum fließt. Auf einer dieser Halbinseln steht eine Ruine, »la maladrerie des templiers« heißt diese Stelle auf der Karte. Es war eine Krankenstation der Templer. Abgelegen wie dieser Ort liegt, wahrscheinlich ein Pflegeheim für Aussätzige. Der Boden ist zerwühlt rund um die Ruine: Noch immer suchen Menschen nach dem sagenhaften Templer-Schatz.

Ein Stück weiter flussabwärts, wo die Felsen besonders hoch sind, sollen die Soldaten des Königs Templer in die Tiefe gestoßen haben. Damals, 1307, als in ganz Europa die Templer mit dem Segen des Papstes um ihren Reichtum gebracht, gefoltert, umgebracht wurden.

Ich habe meine Kamera dabei und filme die Fahrt auf dem Fluss. Immer wieder kommen Stromschnellen. Dann fließt der Fluss zunächst langsam, aber man hört das Rauschen des fallenden Wassers, dann geht es immer schneller und dann heißt es, zwischen den Felsen und Steinen durchkommen, die »Zungen« suchen, wo das Wasser tief strömt. Von Stromschnelle zu Stromschnelle gewinne ich Sicherheit. Aber dann kommt‘s. Dann treibt der Fluss unser Kanu mit dem Vorderteil unter ein überhängendes Stück Fels. Heiner ruft: »rückwärts rudern!« Ich rudere wie ein Wilder, aber dann wirft Heiner das Boot um, damit ich nicht an die Felswand gedrückt werde. Mit einem Schlag ist das Rauschen der Schnelle vorbei. Dunkles Grün, Luftblasen. Das Gurgeln des Wassers, das Mahlen der Kiesel. Ich schwimme nach oben. Der Fluss treibt mich aus der Schnelle heraus, ich steige an Land. Heiner hat das Boot und die Paddel. Es ist nichts passiert. Wir sind nass, nur meine Brille ist weg und aus meiner Filmkamera fließen Ströme von Wasser. Wir ordnen unsere Verhältnisse, wringen unsere Kleider aus und dann fahren wir weiter, auf dem Fluss, der nun ruhiger und breiter fließt.

Nun war die Ardèche eines der ersten FKK-Gebiete Frankreichs. Der Teil der Schlucht, durch den wir jetzt kommen, ist der, wo die Menschen nackt im Fluss baden und in ihren Zelten leben. Heiner singt hinter mir Lieder vom Fluss, »Shenandoah« z. B. und Lieder vom Mississippi, von der Wolga, von der Elbe, vom Rhein. Heiners Stimme klingt wider zwischen den Felsen. Und schöne nackte Menschen erscheinen auf dem Felsen und am Ufer, um nach dem Sänger Ausschau zu halten. Heiner beschreibt mir wunderschöne hochbrüstige Mädchen, die ich ohne Brille nur als rosa Flecken vor einer grünen Wand erkenne.

Aber eines ist gewiss. Ich habe auf jener Fahrt die schöneren Mädchen gesehen als Heiner, weil ich sie in meiner Vorstellung gesehen habe, verzaubert von meiner Fantasie.

Dann war die Fahrt zu Ende. Wir zogen unsere Boote aus dem Wasser, verluden sie auf den Wagen eines Ardèche-Bauern, der sich einen Zustupf zu seinem Lebensunterhalt damit verdiente, dass er die Kanus wieder an den Ausgangspunkt zurückbrachte.

Am Abend saßen wir wieder am Feuer und blickten auf den silbernen Fluss. Im Handschuhfach meines Autos habe ich immer eine Reservebrille.

Herbstgeschichte

Von Werner O. Feißt

Eigentlich war er mit seiner Arbeit fertig, aber er wollte sie noch hinauszögern. Und es fand sich immer noch etwas zu tun: Dort musste am Gatter etwas gerichtet werden, da war noch Heu zu versorgen. Die Nacht sank langsam ins Tal und hüllte alles ein, die Häuser und die Scheunen, die Kirche und den Fluss. Längst wäre es Zeit gewesen heimzugehen, aber sie musste doch noch kommen, so wie sie ein ganzes Jahr lang gekommen war. Dann kam eine Gestalt den Berg herab und überquerte die Wiese. Zuerst dachte er, sie sei es und wollte ihr entgegenlaufen, dann sah er, dass die Gestalt größer war und breiter. Es war wohl eine Frau, aber nicht Annemarie. Die Bäuerin ging in ihren Stall, fütterte ihre Schafe, schloss dann sorgsam die Tür und wollte sich wieder auf den Rückweg machen.
Marco kam hinter seinem Geißenstall hervor, wünschte einen guten Abend und fragte direkt: »Warum versorgst du die Schafe?«
Die Bäuerin antwortete: »Wer soll es sonst machen?«
Er sagte fragend: »Annemarie?«
»Sie ist nicht mehr da«, sagte die Bäuerin. »Sie ist wieder heimgegangen und das war besser so.«
»Aber warum«, fragte Marco, »warum?«
Die Bäuerin sagte: »Das weißt du doch. Ich habe euch beiden einen ganzen Sommer lang zugeschaut. Marco, du hast Frau und Kind, was soll aus Annemarie werden?«
»Man kann sich scheiden lassen«, stotterte Marco.
«Dummes Zeug«, sagte die Bäuerin. »In der Stadt vielleicht, aber doch nicht hier.«
»Du hast sie heimgeschickt«, sagte Marco.
»Ja«, entgegnete die Bäuerin. »Ich war es Annemarie schuldig und ihren Eltern auch.« Dann drehte sie sich um und ging zurück über die Wiese, wo die Dunkelheit sie rasch verschluckte.
Marco war fassungslos vor Schmerz. Annemarie war nicht mehr da, würde auch nicht mehr kommen. Sein Leben hatte das Licht verloren. Er dachte an seinen grauen Alltag, den Alltag des Geißenbauern, er dachte an seine Frau, die ihr eigenes Leben lebte, die trostlosen Abende, die Sonntage.
Wie hatte er sich einen Sommer lang droben auf der Alp auf die Sonntage gefreut, wenn Annemarie zu ihm hinaufkam, wenn sie miteinander auf einem Stein saßen und über das Tal blickten und von tausend Dingen redeten, über hundert Sachen lachten und miteinander im Heu lagen, im duftenden Sommerheu.

Wie hatte alles begonnen? Es war im vorigen Herbst, einem der letzten Tage im Oktober. Der Wetterbericht hatte Schnee vorhergesagt.
Aber der Geißenbauer hatte es selbst gemerkt an so vielen Zeichen der Natur.
Auch seine Geißen drängten sich an den Weg, der hinunterführt ins Tal. Er hatte die Alphütte versorgt, die Utensilien zum Käsen gewaschen, die Tücher aufgehängt, sein Bett gemacht und die Stube ausgekehrt. Dann hatte er die Fenster verrammelt und die Tür. Was er mit ins Tal nehmen wollte, nahm er auf den Rücken und dann lockte er die Geißen und trieb sie den Weg hinunter, den langen steilen Weg ins Dorf.

Es war schon fast Nacht, als er das Dorf erreichte. Die Laternen an der schmalen Dorfstrasse brannten schon und warfen Lichtkleckse auf die Rücken der riesigen schwarzen Geißen mit ihren langen Hörnern, denen anzumerken war, dass sie sich im Sommer droben auf der Alp mit den Gemsen vermischten und mit den Steinböcken, die es wieder auf den Bergen gab.

»Cia, cia, cia«, sein Geißenruf klang an diesem Abend dumpf und wie in Watte hineingerufen, denn Wolken zogen das Tal herauf und langsam ging der Regen in Schnee über. An einer Straßenecke stand Annemarie, die junge Gehilfin der Schmittbäuerin. Sie hatte die Schafe versorgt. Jetzt stand sie fasziniert da und schaute dem merkwürdigen Bild zu, den schwarzen Geißen, die Rücken an Rücken über die Dorfstraße fluteten, angetrieben von einem großen, breitschultrigen, etwa fünfzigjährigen Mann mit einem schwarzen Bart und einem Tragekorb auf dem Rücken. »Cia, Cia, Cia«, rief er immer wieder und die Hufe der Geißen schlugen auf der Dorfstrasse einen eigenartigen Trommelwirbel. Ihre Glocken bimmelten und eine Wolke von strengem Geruch war um sie. Der Geißenbauer stand im Licht einer Straßenlaterne, trieb die Geißen an, rief seinen merkwürdigen Ruf und er kam dem jungen Mädchen vor wie das Urbild eines Mannes.

Und an diesem Abend fing eigentlich alles an. Annemarie richtete von nun an ihren Gang zum Schafstall so ein, dass sie Marco begegnen musste, wenn er seine Geißen versorgte. Es war nicht sonderlich schwer. Die beiden Ställe lagen keine hundert Meter voneinander entfernt. Der große Geißenstall und der kleine mit den zehn Milchschafen der Schmittbäuerin. Marco hatte in seinem Stall mit seinen vielen Geißen so viel zu tun, dass Annemarie wohl eine halbe Stunde oder mehr Zeit hatte, um ihm zu begegnen.

Zunächst war es wohl nicht mehr als ein schüchterner Gruß von ihr und von ihm. Dann sprachen sie ein paar Sätze miteinander. So war es den Winter über. Für Annemarie war es immer wieder eine Begegnung, die ihr Herz klopfen machte. Dann kam das Frühjahr, wo die Milchschafe Lämmer warfen. Da mussten die Lämmer versorgt und die Schafe gemolken werden. Die Schmittbäuerin legte großen Wert auf die Milch der Schafe. Sie machte Joghurt daraus und Käse, und natürlich verwendete sie die Milch auch im Haushalt. Das ist kein Wunder, denn die Milch der Schafe ist anders als die Milch der Rinder.
Sie ist süßer und schmeckt fast wie Sahne.

Als die Bäume zu blühen begannen, waren Annemarie und Marco Freunde geworden. Sie standen oft noch lange nach der Arbeit und redeten miteinander und für Marco war es, als hätte er nie jemand gekannt, der seine Gedanken so gut verstand wie Annemarie.
Er war zwar ein Mann wie ein Bär, groß und stark, aber er hatte ein fast kindliches Gemüt. Er konnte sich in seine Geißen versetzen und deren Empfindungen nachvollziehen. Er freute sich an Blumen, an Bäumen und Tieren. Er konnte stundenlang einen Käfer beobachten und sich über dessen Verhalten Gedanken machen. Seine Umgebung, in der nicht viel Empfindsames vorkam, hatte ihn von früher Jugend an gelehrt, über derlei zu schweigen.
Im Gespräch mit Annemarie begegnete er nun einem Menschen, der so dachte wie er, der so empfand wie er. Anfangs fürchtete er, sie würde ihn auslachen, aber dann öffnete sich für ihn eine neue Welt, ihrer beider Welt.
Und Annemarie empfand Stolz, dass der große gestandene Mann mit ihr über Dinge sprach, die auch sie niemals mit einem anderen besprochen hatte.

Dann kam der Frühsommer und für Marco die Zeit, mit den Geißen auf die Alp zu gehen. Annemarie hatte die Bäuerin um die Erlaubnis gefragt, Marco zu helfen. Die Bäuerin, der an guter Nachbarschaft lag, stimmte zu. Annemarie, die in einem Bergdorf daheim war, stieg mit Marco und

den Geißen über den steinigen, steilen Pfad zur Alp hinauf. Sie trug einen Rucksack mit Sachen, die Marco brauchte: Brot und Speck, Maisgrieß, Zucker, Salz, die Dose mit dem Tee, die Flasche mit Treberschnaps, den der Bruder von Marco gebrannt hatte.
Gegen Mittag waren sie oben. Die Geißen, froh der winterlichen Enge und Dunkelheit des Stalles entkommen zu sein, verteilten sich über die Matten. Die Jungen, die zum ersten Mal auf der Alp waren, sprangen und spielten miteinander. Marco und Annemarie gingen zu Marcos Alphütte. Sie öffnete die Tür und die Fenster. Marco machte Feuer im Herd und stellte eine Kanne mit Wasser auf. Annemarie machte sauber, die Hütte, die Regale mit dem Geschirr, die Kochtöpfe, den großen Milchkessel fürs Käsen und die Geräte, die man dazu braucht. Sie lüftete Marcos Bett, bezog es mit der mitgebrachten Bettwäsche.
Dann saßen sie vor der Hütte, aßen Brot und Speck, tranken Tee und schauten auf die felsigen Berge, auf der anderen Seite des Tales. Es ging ein leiser lauer Wind. Die Sonne schien warm. Der Himmel war wolkenlos. »Es ist schön hier oben«, sagte Annemarie.
Und Marco sagte: »Ich habe den ganzen Winter gewünscht, dir das hier zu zeigen.«
Als es Zeit war für Annemarie zu gehen, brachte Marco sie an den Waldrand, wo der schmale Pfad ins Tal beginnt. Die beiden standen sich gegenüber. Sie hatten sich an der Hand gefasst, aber keiner sagte etwas. »Schade, dass du gehen musst«, sagte schließlich Marco.
Und Annemarie ließ Marcos Hand los, nahm ihn um den Hals, küsste ihn und dann lief sie fort. Marco stand wie verzaubert da. Er war so glücklich, wie ein Mensch nur sein kann.
Und dieses Glück hielt einen ganzen Sommer lang an. Annemarie kam immer herauf, wenn sie frei hatte, an den Sonntagen vor allem. Und jetzt war alles aus. Marco schloss mechanisch die Tür des Geißenstalls.
Dann machte er sich auf den Heimweg durch die graue Oktobernacht. Er wusste, ein solcher Sommer würde nie wieder kommen. Zum ersten Mal fühlte er sich alt. Es war Herbst.

Brotsuppe

Pancotto (gekochtes Brot)

2 EL Butter
1 Zwiebel, in Ringe geschnitten
1 l Fleisch- oder Gemüsebrühe
150–200 g altbackenes Brot, gewürfelt
2 Eigelb, zerklopft
evtl. Salz
Pfeffer
50 g Käse, gerieben

Die Butter zergehen lassen, die Zwiebelringe darin glasig dämpfen. Mit der Fleischbrühe ablöschen, die Brotwürfel beigeben. Auf kleinstem Feuer ca. 1 Std. köcheln lassen. Immer wieder umrühren. Die Eigelb in eine Schüssel geben. Einen Schöpflöffel der Brühe beigeben. Gut verrühren. Alles zurück zur Brühe gießen. Diese pfeffern und mit dem Reibkäse bestreut servieren.

Brotsuppe

Zickleinragout Tessiner Art

(Capretto)

800 g Zickleinragout mit Knochen, in mundgerechte Stücke zerteilt, trockengetupft
4 EL frische Butter
ca. 1/2 l trockener Weißwein
ca. 1/2 l Hühner- oder Gemüsebrühe
3 Rosmarinzweige oder
2 TL getrocknete Rosmarinnadeln
Salz, Pfeffer
100 ml Rahm
1 Bund Petersilie, fein gehackt

Wichtig: auf kleinster Flamme kochen! Hier im Tessin gibt es viele Hausfrauen, die diese Speise nur auf dem Holzfeuer zubereiten.
Die Butter in zwei oder drei Bratpfannen (je nach Größe) zergehen lassen. Das Fleisch dazulegen und darauf achten, dass die Stücke alle den Pfannenboden berühren. Ganz sanft anbraten. Wenn alle Fleischstücke ringsum Farbe angenommen haben, mit einem Schöpflöffel Wein ablöschen. Den Wein einkochen lassen. Die Fleischstücke dabei immer wieder drehen. Einen Schöpflöffel Brühe und die Kräuter beigeben. Brühe wie vorher den Wein einkochen lassen. So fortfahren, bis alle Flüssigkeit verdampft ist. Kochzeit ca. 1 1/4 Std. Das Fleisch ist gar, wenn es sich leicht vom Knochen löst. Falls das noch nicht der Fall ist, das Fleisch in eine Kasserolle umschichten, in der nochmals etwas Butter geschmolzen worden ist. Einen Schöpflöffel Brühe beigeben. Zugedeckt ganz weich schmoren. Salzen und pfeffern, Kräuterzweige entfernen. Das Fleisch in eine vorgewärmte Schüssel füllen. Den Bratenfond aus den Bratpfannen und evtl. aus der Kasserolle zusammenschütten, den Rahm und die Petersilie beigeben. Die Sauce aufkochen, evtl. nachwürzen. Separat zu den Zickleinstücken servieren.

Himbeer-Birnen

$1/2$ l trockener Rosé-Wein
6 EL Zucker
Schale einer halben Zitrone, in Streifen
1 EL Zitronensaft
1 kg Birnen, möglichst gleich groß, geschält, halbiert
350 g Himbeeren
1 Glas Himbeergeist

Wein, Zucker, Zitronenschale und -Saft miteinander aufkochen. Die Birnenhälften in den kochenden Sirup legen, 20 Min. köcheln lassen. Sie müssen leicht durchscheinend werden. Die Birnen etwas abtropfen lassen und in eine Dessertschale legen. Die Hälfte der Himbeeren durch ein feines Tuch seihen, diesen Saft zum Kochsaft der Birnen geben, die Zitronenschale entfernen. Um $1/3$ einkochen lassen. Vom Feuer nehmen, den Himbeergeist dazugeben, über die Birnen gießen, kalt stellen. Löffelbiskuits dazu servieren und denselben Rosé-Wein.

Himbeer-Birnen

Samtsuppe

Samtsuppe

4 rote Paprikaschoten
1 Zwiebel
1 Knoblauchzehe
50 g Butter
50 g Mehl
3/4 l Hühnerbrühe
1 EL Tomatenmark
Salz
weißer Pfeffer aus der Mühle
1/2 TL Zucker
Worcestersauce
1/8 l süße Sahne
1 EL gehackte Petersilie

Paprikaschoten in den auf 250°C (Gas Stufe 6) vorgeheizten Backofen legen und backen, bis die Haut ganz schrumpelig geworden ist. Die Paprikaschoten dann in ein feuchtes Küchentuch einschlagen, fünf Minuten ruhen lassen und häuten. Die Schoten aufschneiden, von den Samensträngen und Stängeln befreien und fein hacken (oder im Mixer pürieren). Zwiebel und Knoblauchzehe schälen, sehr fein hacken und in der heißen Butter glasig werden lassen. Das Mehl zufügen, hell anschwitzen lassen und mit der Brühe unter Rühren ablöschen. Bei nicht zu starker Hitze 15 Minuten köcheln lassen. Dann zusammen mit dem Paprikapüree durch ein Haarsieb streichen. Die Suppe mit Tomatenmark verrühren, mit Salz, Pfeffer, Zucker und Worcestersauce abschmecken und wieder erhitzen. Die Sahne steif schlagen.
Die Suppe in Tassen füllen, mit je einem dicken Sahneklecks bedecken und mit Petersilie bestreut auftragen.

Wiener Zwiebelrostbraten

4 Rinder-Lendenschnitten (jede Schnitte sollte ca. 180 g schwer sein)
100 g Schwarzwälder Vesperspeck (nicht zu mager)
4 Zwiebeln
3 TL Rosenpaprika
Butterfett
1/8 l Sauerrahm
Fleischbrühe
1 TL Mehl

In einer tiefen Bratpfanne den klein gewürfelten Speck rösten. Wenn das Fett geschmolzen ist, die in Ringe geschnittenen Zwiebeln darin bräunen. In einer zweiten Pfanne die gut geklopften Lendenschnitten in Butterfett schön braun braten. Sobald die Zwiebeln schön gebraten sind, die Pfanne vom Feuer nehmen und den Rosenpaprika darüber stäuben (darf nicht braun werden, sonst wird er bitter). Die Lendenschnitten darauflegen, mit Fleischbrühe aufgießen, sodass sie gerade bedeckt sind. Zugedeckt auf ganz kleinem Feuer 1 1/2 bis 2 Stunden weich schmoren.
Zum Schluss 1 TL Mehl mit dem Sauerrahm gut vermischen und unter die Sauce rühren. Noch ein paar Minuten ziehen lassen. Mit Salz und Pfeffer abschmecken (falls man keinen Brühwürfel zur »Fleischbrühe« verwendet hat).

Schmeckt mit Nudeln, Kartoffelbrei und Reis.

Grießpudding mit Mostsauce

Dies ist ein Lieblingsrezept meines Freundes Alfred.

1 l Milch
ca. 150 g Grieß
20 g Butter
1 Prise Salz
1 Ei
Zitronenschale
weiße Sultaninen
geschälte, geriebene Mandeln

Grieß in die kochende Milch einrühren. Butter und Salz zugeben, ca. 10 Minuten ziehen lassen. Etwas erkalten lassen. Das Ei, Zitronenschale, Sultaninen und Mandeln beigeben und alles gut durchmischen. In eine mit kaltem Wasser ausgespülte Schüssel füllen, erkalten lassen und stürzen.

Mostsauce

1/4 l Weißwein
1/4 l Süßmost
1 TL Stärkemehl
2 Eier
2 EL Zucker
1 Prise Zimt
etwas Zitronensaft

Weißwein und Süßmost mit dem Stärkemehl gut aufkochen lassen. In einer Schüssel Eier, Zucker und Zitronensaft verrühren und zu der Masse im Topf geben. Zusammen noch einmal aufkochen lassen. Nach dem Erkalten zum Grießpudding servieren.

Register